PERFECT STORM
퍼펙트 스톰

송인혁 지음

프레너미
FRENEMY PUBLISHING

CONTENTS

제4장

관심연결경제 •115

변화 너머에 있는 사람들의 행동에 주목하라

세상에서 변하지 않는 유일한 진실이 있다면 '변하지 않는 것은 없다'라는 사실이다. 변화 속에서 살아가는 우리는 그 변화가 어떤 영향을 미칠지, 어떻게 하면 그것을 기회로 만들 수 있을지 알고 싶어 한다.

바야흐로 3차 산업혁명을 넘어 4차 산업혁명이 도래했다. 그로 인해 모든 것이 변화할 것이고 인간은 인공지능에 일자리를 빼앗길 것이라고들 한다. 그런데 왜 그 변화들이 내 눈에는 보이지 않는 것일까? 왜 내게는 그 변화들이 기회가 아닌 위기와 위협으로 느껴지는 것일까?

눈에 보이는 것에만 반응하기 때문이다. 커다란 파도가 포말을 일으키며 모든 것을 집어삼킬 듯 닥쳐오면 사람들은 보통 거기에 압도당한다. 그러나 파도는 밀려왔다 밀려간다. 파도에 대처하는 자세에는 두

가지가 있다. 다가오는 파도를 두려움의 눈으로 바라보거나, 그 특성을 이해하고 올라타 새로운 문화를 만들거나 . 변화를 기회로 보는 사람과 위기로 보는 사람의 차이는 여기서 만들어진다.

혁명이란 급작스럽게 일어나는 변화도, 한 사회가 새로운 기술을 수용하는 지점도 아니다. 혁명은 낯설게 느껴지는 것들을 점점 받아들여 사람들이 공공재로 인식하고 선택될 때 일어난다. 다시 말해 혁명은 새로운 기술의 개발이나 등장이 아니라 사람들이 내린 어떤 선택들의 임계지점을 말하는 것이다.

4차 산업혁명이 몰려오고 있다. 하지만 다가오는 파도를 보고 그 현상을 판단하는 대신, 파도의 근원이 무엇인지를 살펴야 한다. 파도가 몰려올 때 사람들이 어떤 선택을 내리는지를 관찰해야 한다. 모든 것은 사람들에 의해서 일어나는 일이다. 보이지 않는 일부가 세상을 움직이는 것이 아니다. 피상적으로 드러나는 모습 대신 왜 지금 이것들이 주목을 받는지, 왜 사람들의 선택이 급속도로 늘어나고 있는지 그것을 밀어올리는 파도의 힘을 들여다본다면 우리는 전혀 다른 지점을 발견하게 된다.

우리가 주목해야 할 것은 기술의 변화가 아니라 사람들의 행동의 변화, 사람들의 생각과 행동의 습관이 바뀌는 지점이다. 역사를 통틀어 거대한 변화를 몰고 왔던 현상의 본질에는 언제나 사람이 있었고, 사람들의 연결이 있었다. 연결될수록 의식이 생기고 그 연결이 많아지면 달라진다. 그래서 이전에는 없던 새로운 기술이 아니라 이전에는 없던 새로운 연결에 주목해야 한다.

　나는 이 책에서 거대한 변화 너머에 있는 사람들의 모습을 재조명하고자 한다. 우리에게 닥친 변화를 위기라 단정하며 위협하기보다 함께 기회를 탐색할 것이다. 변화는 저 멀리 다른 세상에 있지 않다. 우리 삶 한 가운데에서 벌어지고 있다. 나는 여러분이 자신의 일상에서 일어나는 변화부터 세밀하게 들여다볼 수 있도록 안내할 것이다. 독자 모두가 함께 만들어갈 변화의 미래를 만나러 가고자 한다.

　이 책을 통해 여러분은 지금 세상에서 벌어지고 있는 놀라운 혁신과 변화가 사실은 여러분의 마음속에서 일어나고 있음을 깨닫게 될 것이다. 여러분이 세상을 향해 달려가는 게 아니라 세상이 여러분을 향해 다가오고 있다. 우리 마음속에서 일어나고 있는 울림이 바로 세상의 중심이다. 그 새로운 세상으로 온 여러분을 환영한다.

제1장

퍼펙트스톰이
몰려오고 있다

다시 시작되는
다윗과 골리앗의 전투

너희가 왜 나와서 전열을 갖추고 있느냐? 나는 블레셋 사람이며 너희는
사울의 부하가 아니냐? 이제 너희는 한 사람을 택하여 나에게 보내라. 만
일 너희가 보낸 자가 나를 죽일 수 있으면 우리가 너희 종이 되겠다. 그러
나 내가 그를 죽이면 너희가 우리 종이 되어야 한다. 내가 오늘 너희 이스
라엘군을 이렇게 모욕한다. 자, 나와 싸울 자를 어서 보내라.

— 구약성경 사무엘기 상권 17장 8~10절

3,000년 전 역사에 영원히 기록될 장면이 펼쳐지고 있었다. 골리앗
은 3미터에 가까운 키에 250킬로그램이 넘는 엄청난 거구였으며 이글
거리는 눈빛을 지닌 공포스러운 존재였다. 청동 투구와 갑옷으로 무장
하고 양손에는 창과 칼을 들고 있었으며, 골리앗의 방패를 든 소년 호
위병이 상대의 공격을 막을 자세를 취하고 있었다.

맞은편에는 목동 출신의 어린 다윗이 서 있었다. 두 사람의 싸움은 이미 결론이 난 것처럼 보였다. 골리앗에 비해 다윗은 왜소해 보이는 체구에도 불구하고 몸을 보호하는 갑옷조차 걸치지 않았다. 그의 손에는 단지 물맷돌이 들려 있을 뿐이었다. 하지만 잠시 후 골리앗은 우리 모두가 알고 있는 그대로 다윗에게 일격을 당해 목이 잘리고 만다. 그리고 블레셋 군대는 도망을 간다.

다윗은 어떻게 골리앗을 상대로 승리를 이끌어 냈을까? 우리가 흔히 알고 있듯 성령의 은혜를 받은 다윗이 폭발적인 지혜와 힘을 얻어 골리앗을 이기고 일개 목동에서 이스라엘의 왕으로 거듭나게 된 것일까? 이 장면을 자세히 들여다보면 우리는 3,000년 간 놓치고 있던 흥미로운 비밀을 발견하게 된다.

이 신화적인 전투 속에는 우리가 생각하지 못한 또 다른 관점이 숨겨져 있다. 그것은 지금 우리에게 도래한 거대한 변화의 파도와도 닮아 있다. 우리는 지금까지 이 싸움에서 누가, 어떻게 이겼는지를 들여다 보았지만 정작 중요한 것은 '왜 이 두 사람인가'이다. 왜 양쪽 군대는 이 중요한 전투에 다윗과 골리앗을 내보낸 것일까?

이 싸움은 대리전의 형식을 취하고 있다. 즉, 양측 군대의 대표가 나와서 일대일로 싸워 이기는 쪽이 승리하는 것으로 간주하는 방식이다. 불가능한 싸움이더라도 마지막 병사까지 전투에 임하는 것이 군인 정신일 텐데 왜 이런 방식을 취했을까? 그 이유는 양쪽 군대 모두 대량의 인명 피해를 피하는 동시에 전쟁의 승패에 대한 명분이 필요했기 때문이다. 다수의 군인들은 물론 지휘 계통의 사람들도 이 전쟁이 빨리 끝나기를 바랐던 것이다.

전쟁이 빨리 끝나기를 바라는 것은 어떤 경우일까? 양쪽이 지리한 전투로 다들 지쳐 있을 때? 팽팽한 전투력으로 맞서고 있을 때? 둘 다 아니다. 차라리 휴전을 하지 일대일의 대리전 한 번으로 승패를 결정한다는 것은 합리적이지 않다. 오히려 반대이지 않을까? 싸움의 결론이 이미 나 있을 때, 싸워봤자 한쪽이 대패할 것이 분명할 때 말이다. 전쟁은 어떤 형식으로 보아도 낭만적일 수가 없지 않은가. 이렇게 본다면 어느 쪽 군대가 불리한 상태였을까. 지금까지 우리는 그것이 다윗의 군대라고 생각한 것이다. 그런데 이상한 일이 벌어졌다.

> 다윗이 달려가서 블레셋 사람을 밟고 그의 칼을 그 칼집에서 빼어 내어 그 칼로 그를 죽이고 그의 머리를 베니 블레셋 사람들이 자기 용사의 죽음을 보고 도망하는지라.
>
> — 구약성경 사무엘기 상권 17장 51절

성경에는 다윗이 승리하자 블레셋 사람들이 기겁을 하고 즉각 도망쳤다고 기록되어 있다. 당시 블레셋은 고도의 철기 문명을 이룩한, 강력한 군사력을 지닌 존재인 반면 이스라엘에는 변변한 무기도 없었다고 알려져 있다.

그런데 장군 한 명이 죽었다고 모두가 백기투항을 한다는 것이 말이 되는가. 강력한 군사력에는 장수와 목숨을 함께할 만큼 용맹스러운 군인들도 포함된 것일 텐데 골리앗을 제외하면 블레셋 군대는 모두 오합지졸이었다는 말인가.

싸움의 승자인 다윗이 이스라엘 2대 왕이 된 것 또한 이상하다. 다윗은 일개 양치기 소년이었다. 당시 이스라엘의 왕은 사울이었고, 사울이 전쟁 전에 선포하기를 골리앗을 제압하는 자에게 많은 재물을 주고 왕의 사위로 삼겠다고 약속했다. 그런데 정작 다윗이 승리하자 사울은 여러 차례 그를 살해하려 하였으나 번번이 실패했다. 이것도 이상하지 않은가. 미루어 짐작하건대 다윗은 약한 존재가 아니었을 것이다. 다윗은 그를 지지하는 수많은 백성들과 그와 뜻을 같이 하는 동료들로 인해 왕이 어떻게 할 수 없을 만큼 세력이 커져 왕위를 위협하는 존재였으리라.

다윗이 우리가 알고 있는 것처럼 그저 힘없는 목동은 아니었을 것이라는 말이다. 다윗에게는 골리앗의 위압적이고 무지막지한 존재감조차 가볍게 무시할 수 있는 무언가가 있었다. 이스라엘 군대에게 블레셋 군대의 철기 무기보다 더 강력한 무기가 있었던 것은 아닐까?

다윗은 물맷돌을 쏘는 투석병이었다. 새총을 쏘듯 돌을 끼워 빙빙 돌린 다음 투포환 던지듯 돌을 날려 상대를 가격하는 것이다. 골리앗은 거구인데다 머리부터 발끝까지 청동 갑옷으로 무장했으며 상당한 무게의 창과 칼을 들고 있었다. 겉모습만으로도 다윗은 골리앗에 상대가 안될 것으로 보인다. 일대일로 싸워 이기는 쪽이 전쟁을 승리하는 상황인데 작은 키의 투석병 다윗에게 이스라엘의 운명을 맡긴다는 것이 말이 되는가.

고대의 군대는 말을 타고 전차를 끄는 전차병, 갑옷으로 무장하고 칼과 방패를 든 중보병, 활을 쏘는 궁수병이나 물맷돌을 던지는 투석병으로 구성되어 있다. 투석병인 다윗은 엄연히 포병이었다.

돌맹이로 상대방을 약올리는 그런 시시한 목동이 아니었다. 물맷돌로는 일반 돌보다 훨씬 밀도가 높은 중정석이 사용되는데, 중정석은 한 번의 공격으로 상대를 즉사시키는 철퇴에도 포함될 만큼 단단하다. 게다가 물맷돌의 속도는 초속 35미터로 45구경 권총에서 발사되는 총알과 맞먹는 힘을 갖고 있다. 무엇보다 물맷돌로 제대로 맞춘다면 200여 미터 거리에 있는 상대방도 최소 불구가 되거나 사망에 이를 정도로 무시무시한 괴력을 지녔다.

포병인 다윗에게 골리앗은 그야말로 회심의 표적이었다. 골리앗이 아무리 힘이 세더라도 다윗을 낚아챌 정도로 가까운 거리에 진입하기 전까지는 방패를 든 소년 호위병의 엄호가 필요했다. 그러나 골리앗의 방패는 수십 킬로그램이 넘어 호위병들이 들고 있는 것만도 버거운데, 다윗이 던지는 물맷돌은 너무 빨랐다. 소년 호위병에게 이리저리 뛰어다니며 날쌔게 돌을 던지는 다윗은 공포 그 자체였을 것이다. 이에 소년병은 골리앗을 호위하는 자신의 본분을 잊고 스스로를 방어하기 위해 몸을 움직였을 것이다. 물맷돌에 쓰러진 동료를 목격하기라도 했다면 더욱 그랬을 것이다.

다윗은 호위병들이 느낄 공포를 너무나도 잘 알고 있었다. 그래서 그는 물맷돌을 휘휘 돌리며 침착하게 일격의 틈을 기다렸다 골리앗을 쓰러뜨릴 기회를 포착한 것이다. 게다가 《다윗과 골리앗》의 저자인 말콤 글래드웰이 가정한 대로 골리앗이 말단비대증으로 인한 심한 근시였다면 상황은 골리앗에게 불리했을 것이다.

'왜 다윗과 골리앗인가'라는 질문으로 다시 돌아가보자. 블레셋의 지휘관은 상대방이 다윗을 내보낸 상황에 무슨 생각으로 골리앗을 내보낸 것일까? 다윗은 투석병이고 골리앗은 보병이다. 이 두 사람의 싸움은 공군과 육군의 싸움, 단거리 선수와 장거리 선수의 경주 같은 것이다. 총을 들고 덤비는 적을 상대로 고작 칼을 들고 싸우라는 게 말이 되는가. 도대체 무엇이 그들로 하여금 이런 이해할 수 없는 싸움을 하게 만들었을까? 왜 그들은 결과가 뻔히 보이는 전장에 다윗과 골리앗을 내보냈을까?

골리앗은 자신이 죽을 것을 알면서도 전장에 나갔을 것이다. 블레셋 장군도 골리앗이 불리하다는 사실을 알고 있었을 것이다. 도대체 무슨 일이 벌어진 것인가. 눈에 띄지도 않고 사소해 보이지만 다윗이 손에 들고 있던 물맷돌이라는 도구가 결국 세기의 전투로 기억될 순간을 만들어낸 것이다.

상식을 뒤집는 3,000년 전 역사의 순간은 지금 우리가 살고 있는 이 세계에도 펼쳐지고 있다. 이제 거대 기업과 개인이 마주하며, 기존의 자본주의로는 이해할 수 없는 거래 개념이 탄생하고, 우리가 생각지도 못한 생각들이 가능해지며 이전과는 전혀 다른 세계가 펼쳐지고 있다.

이것의 비밀은 바로 연결에 있다. 소수가 연결의 중심에 있고 다수의 사람들은 그 소수를 통해서만 연결될 수 있었던 점대 점의 연결구조에서 다수가 다수와 연결되고 저마다의 관심으로 모여들어 엮이고 들끓는 점대 면의 새로운 연결 구조를 형성하고 있다. 소수가 여론과 자

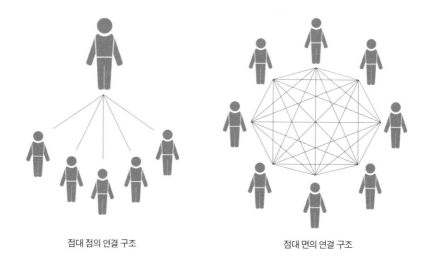

점대 점의 연결 구조   점대 면의 연결 구조

본가치를 독점하며 다수를 대변하는 구조에서 다수의 연결로 형성된 입소문과 평판이 더 우세한 구조로 바뀌면서 사용자 한 사람의 생각이 시장 전체에 영향을 일으키는 물결 효과를 만들어 내고 있다. 소수가 정보를 생산하고 독점하던 상황에서 다수가 정보를 생산하고 공유하는 상황으로 바뀌면서 호도되고 유도되던 대중은 그들 스스로 미디어가 되어 저마다의 가치로 모여들면서 생태계의 다양성이 급속도로 커지고 있다. 《끌리고 쏠리고 들끓다》의 저자 클레이 서키 교수 말대로 예전에 는 큰 일에는 돈이, 작은 일에는 사랑이 필요했다. 하지만 이제 작은 사 랑으로 큰 일을 할 수 있게 된 것이다.

    기업과 기업의 관계가, 기업과 개인의 관계가, 그리고 개인과 개인 들의 연결이. 그 놀라운 역사의 현장 한복판으로 여러분을 안내한다.

1,000만 대를 판매하며 세계시장을 호령하는 강력한 제조회사가 그에 비하면 보잘 것 없는 작은 기업에게 고전하는 현장을, 유통을 장악하며 시장의 질서를 사로잡던 기업들이 일개 개인에 의해 압도되는 설명할 수 없는 현장들이 세상의 중심으로 나아가고 있다.

허브를 만들어라,
로마 가도와 산업혁명

기원전 3세기, 지구의 동쪽과 서쪽에서 대규모 토목사업이 시작된다. 동쪽은 중국의 만리장성으로 무려 8,000여 킬로미터의 방벽이었고, 서쪽은 로마의 가도로 만리장성의 10배 길이인 8만 킬로미터에 달하는 고속도로였다. 이 가도는 지선도로까지 합하면 15만 킬로미터에 달했다.

로마는 길을 만드는 데 모든 자원을 쏟아 부었다. 로마 가도를 만든 목적은 세계로 뻗어나갈 교두보를 마련하기 위함이었겠지만 반대로 외세가 침략할 길을 열어주는 결과를 초래할 수도 있었다. 왜 로마는 역사상 최대 규모의 가도를 만드는 전무후무한 도전을 감행한 것일까?

로마는 사람들이 모여드는 관심의 장을 만드는 것이 스스로를 강성하게 만드는 방법임을 알고 있었다. 현대 도시 뉴욕이 '아이 러브 뉴욕(I love NY)' 캠페인으로 누구나 자유롭게 모이고 사랑하고 살아가는

도시라는 이미지를 획득한 것과 같이 로마는 길만 만든 것이 아니라 기반시설을 건설하는 데에도 상당한 노력을 기울였다. 대표적 기반시설로 600킬로미터에 달하는 상수도 시설을 들 수 있다. 이 상수도 시설 덕분에 로마 시민은 누구나 음용, 관개, 위생을 위한 물을 공짜로 공급받았다. 그 양은 현대 대도시의 수준과 맞먹는다고 한다.

기반시설이라는 개념조차 희박하던 시기에 사람들은 어디에서 살고 싶었을까? 풍부한 삶의 자원을 제공할 뿐 아니라 교통 또한 편리한 로마에서 살고 싶었을 것이다.

세상으로 뻗어 나간 로마의 모든 길은 사실 사람들이 로마로 모여들게 하려고 만든 것이었다. 지중해 전체를 지배한 고대 서양의 최대 제국 로마가 번성한 것은 전쟁을 통해서가 아니라 사람들이 모여들고 살아갈 수 있는 환경을 만들었기 때문이다. 도시는 더 많은 사람들이 모여들수록 발전하고 풍성해진다. 그곳에 모인 사람들은 자발적으로 자신들의 터전이 번성해질 수 있도록 노력한다.

모두가 살고 싶어하는 '장(場)'을 만드는 것, 로마는 그것이야말로 세계를 지배하는 최선의 전략임을 알았던 것이다. 적으로부터의 공격을 막고 국민을 보호하는 것도 중요하지만 사람들이 로마로 몰려들어 상업이 번성하게 하고 인간다운 삶을 영위할 수 있게 하는 것, 당시 로마의 지도자들은 세계를 지배하는 힘이 어디에서 나오는지 알고 있었던 것이다.

모든 길은 로마로 통한다. 길이 만들어지면 많은 사람들이 다니게 되고, 사람이 모이면 건물이 생기고 상권이 생기며 가치가 일어난다.

길은 가치다. 길이 만나는 곳이 가치가 모여드는 곳이다. 우리는 이곳을 '장(platform)'이라고 부른다. 로마는 장을 만듦으로써 세계를 지배하고, 그들이 세계 그 자체가 되는 것을 생각한 것이다.

서로가 연결되어 있지 않던 세상, 그리고 외부 위기로부터 내부를 지키는 것이 우선 순위일 때는 중국의 만리장성과 같이 국가나 권력 기구가 길목을 차단하고 돈과 사람의 흐름을 통제하는 것이 유효한 모델이었을지 모른다. 하지만 다양성에 의한 번성을 꾀할 때는 로마 가도와 같은 허브가 되는 교차로를 만드는 것이 훨씬 효과적일 수 있다. 모두가 연결되기 시작하고 모두가 각성하기 시작하는 세상에서는 로마가 만든 '장'의 힘은 그곳에서 살아가는 사람들에 의해 지켜지고 융성해질 것이며 더 많은 이들이 찾아오고 함께 새로운 것을 도모하는 애정과 경이로움의 대상으로 발전할 것이기 때문이다. 연결성은 그 자체로 에너지이고 소수에 집중되는 형태보다 저마다의 관심으로 연결될 때 더 큰 다양성과 기회를 만들어낸다.

작은 연결이 기회를 만든다

15세기 유럽의 대항해 시대. 유럽은 땅 끝 너머의 새로운 대륙을 발견하고 신해상무역 시대를 열어젖히며 들떠 있었다. 아메리카 대륙의 발견을 기점으로 금과 은은 물론 농산물, 향신료를 앞세운 대규모 유통이 본격화되었고 대규모 경영이 확산되는 계기를 맞고 있었다. 이러한 대항해 시대를 연 것은 포르투갈과 스페인이다. 이들 국가는 강력한 중앙집권체제를 갖춘 상태였고 르네상스의 신기술과 사상이 창발하며 신대륙과 신무역에 관한 관심이 일어났다. 이들이 신무역에 엄청난 지원을 쏟아 부음으로써 대항해 시대가 본격화되었고 때를 같이 하여 지도학, 항해, 화력, 조선 등의 과학기술이 새로운 가치를 견인했다. 바야흐로 유럽이 들끓고 있었다.

영국은 대항해시대의 주역이 아니었다. 사면이 바다로 둘러싸인 섬나라였던 영국은 유통 규모에 있어 제약을 가질 수밖에 없었다. 또한 영국은 1215년에 존 왕이 귀족들의 강요에 의해 국왕의 전제를 제한하는 조항이 담긴 마그나 카르타(대헌장)에 서명함으로써 전제군주의 절대권력이 막을 내린 상황이었다.

귀족들은 각자의 이익에 따라 움직일 뿐 아니라 존 왕이 자신들을 동원하는 것 자체를 원하지 않았다. 오히려 국가는 해적단을 채용해 스페인과 포르투갈의 무역선을 노략하는 행위를 자행하는 수준에 그치고 있었다. 즉 전제주의와 민주주의라는 관점에 있어 영국의 시스템은 시대를 따라잡지 못하고 있었던 것이다.

그러나 산업혁명은 영국에서 일어났다. 산업혁명은 세계를 한 차원 높은 곳으로 끌어올렸을 뿐 아니라 영국을 제국으로 성장시켰다. 영국이 자신들의 약점을 극복하고 산업혁명을 이끌 수 있었던 비결은 중앙 집중이 아닌 개별 주체들의 자율적인 연결이 만들어낸 복잡성에 있다.

절대권력이 막을 내린 영국에서 대항해시대의 주도권은 개인에게 있었다. 스페인은 국가적 차원에서 무적함대를 동원해 무역을 했지만 영국에서는 개인 업자들이 함선을 고용하는 형태로 무역을 했다. 무역에 나선 귀족들도 업자들과 주종관계가 아니라 철저하게 상업적 이익을 나누는 관계였다. 이처럼 귀족과 업자는 파트너 관계를 이루었으며, 이들의 관계에서 개인이 욕심을 내 도전하고 투자하는 만큼 많이 가져가는 초기 자본주의 형태가 엿보인다. 귀족은 업자들의 이익을 보장해줄수록 자신의 이익 역시 커진다는 사실을 잘 알고 있었고, 무역이 무르익어갈수록 이들의 권리주장을 보장해야 하는 입장에 놓이게 되었다.

개인 업자들은 곧 상공 계층(gentry class)으로 본격 성장했고, 그 규모가 커지면서 정치적 권리까지 주장하는 단계에 이르렀다. 자본을 확보한 상공인들은 더 이상 귀족과의 관계에서 약자가 아니었다. 결국 1688년 명예혁명을 거치며 상공인들은 자신들의 권리를 법적으로 보장받게 되고, 젠틀맨(gentleman)으로서 국왕과 상원에 있는 귀족들을 견제하는 하원을 차지하며 당당하게 정치적 힘을 확보하게 된다.

스페인과 포르투갈을 위시한 남유럽의 중앙집권 국가들은 상인들의 성장을 위협으로 간주해 개별 주체들의 성장을 가로막았다. 하지만 영국은 국가의 전 주체들이 신무역시대를 주도하기 위해 노력했으며, 이들 간에 시너지가 일어나 산업국가로 발돋움하게 된 것이다.

각 주체들은 각자의 전문 영역에서 허브를 구축했고 산업은 이내 허브와 허브의 연결을 기반으로 하는 구조로 진화했다. 새로운 가능성을 돌파하는 주체가 탄생하면 언제든지 연결 구조를 바꾸는 방식으로 대응했다. 최적의 이익은 가장 고도화된 연결이 유지될 때이므로 이는 당연한 선택이었다.

결국 거대한 중심은 없지만 개별 주체들의 자율적인 연결이 만들어 내는 고도화는 영국이 지니고 있던 지리적 정치적 사회적 약점을 넘어서기에 충분한 것이었다. 즉, 중앙을 통한 계급 구조에서 이익과 관심이라는 새로운 개별 연결 구조를 취함으로써 영국은 혁명의 중심에 서게 된 것이다.

연결하고 공유하라, 마지노선을 무너뜨린 소통의 기술

2차 세계대전이 한창이던 1940년 5월, 군사적으로 열세인 독일군이 프랑스 연합군의 방어선을 함락시키는 일대 사건이 벌어졌다. 당시 프랑스군은 자체 병력이 독일군보다 뛰어났을 뿐 아니라 영국, 네덜란드, 벨기에까지 연합군으로 가세해 그 어느 때보다 군사력이 뛰어났다. 프랑스군에 불리한 점이 있다면 국경지대가 독일과 넓게 맞닿아 있어 독일군의 공격을 방어하기 어렵다는 점이었다. 그나마 아르덴 삼림 지역이 천혜의 장벽 역할을 했지만 다른 부분 어느 쪽으로 독일군이 쳐들어올지 예측하기가 어려웠다.

그래서 만들어낸 것이 마지노 국방성장관의 이름을 딴 마지노선(Maginot line) 방어선이었다. 장장 10년 동안이나 건설한 이 방어선은 6미터 직경의 이중 철골벽으로 만들어져 탱크의 공격에도 끄떡없었고, 지하에는 거대한 터널을 뚫어 식량과 무기를 조달할 수 있도록 만

들었다. 곳곳에 이중 삼중으로 설치한 벙커는 어떤 보병도 통과할 수 없었다. 마지노선은 아무리 막강한 화력을 가진 군대라도 존재 자체만으로 위협이 되는 방어진지였다.

독일의 전격전은 어떻게 성공했는가

1940년 당시 독일은 이미 재정이 바닥난 파산 상태였으며, 중장비 전력도 연합군과 상대가 안 될 정도로 보잘 것 없었다. 그런데도 프랑스 연합군은 이날 독일군의 공격에 항복을 선언하고 말았다. 마지노선은 무용지물이었다. 도대체 무슨 일이 일어난 것일까?

우선 독일군이 천혜의 방어진지라고 믿었던 아르덴 산맥을 관통해서 쳐들어옴으로써 프랑스군은 허를 찔렸고, 군사력이 대부분 마지노선에 배치되어 있어 공격에 제대로 대처하지 못했다. 이것이 이른바 그 유명한 독일의 전격전이다. 그러나 이것만으로는 충분히 설명되지 않는다. 독일군의 탱크 속도가 다소 빠르기는 했지만 화력과 수적 열세를 극복하기에는 역부족이었기 때문이다. 프랑스군의 샤르B탱크는 상대방을 압도하는 위용을 자랑했고 독일군의 마크III 탱크는 골리앗을 앞에 둔 다윗만큼이나 초라한 모습이었다.

독일군에게는 있는데 프랑스군에게는 없는 것은 무엇이었을까? 바로 연결과 공유였다. 더 구체적으로는 무전기이다. 프랑스군은 탱크 바

《 프랑스가 독일과의 국경 지역에 설치한 마지노선 》

깥에 있는 지휘 계통만이 무전기를 가지고 있었다. 탱크가 보병을 이끄는 것이 아니라 지휘 계통이 탱크의 이동과 무력을 지휘하고 전체적인 전략적 계획을 세워놓으면 모두가 그에 따라 일사불란하게 움직이는 방식이었다. 게다가 프랑스군의 탱크는 무시무시한 위용과 달리 가시거리가 150미터밖에 되지 않았다. 반면 독일군은 화력 자체는 프랑스군에 비해 열세였지만 탱크마다 무전기를 탑재하고 있어 지휘 계통이 탱크와 실시간으로 소통할 수 있었다. 탱크와 보병들은 미리 정해진 전략대로 움직이는 것이 아니라 전장에 있는 병사들 간의 지속적인 커뮤니케이션으로 전열을 계속해서 정비했다. 전체적인 전략을 짜는 방식은 양군이 비슷했지만, 실제 전쟁터에서의 행동은 개별 주체들이 자율적으로 결정했다.

이렇게 무전기를 지닌 전폭기, 전차, 보병이 모두 일사불란하게 움직이면서도 동시에 자율적으로 각자의 전략을 수정해 가면서 움직이다 보니, 프랑스군은 독일군의 움직임을 정확히 예측하기가 상당히 어려웠다. 수뇌부에서 작전을 지시할 때쯤이면 이미 상황이 달라져 적군이 다른 패턴으로 움직이기 일쑤였다. 당시 공군력을 제외하고는 탱크가 가장 막강한 화력을 지닌 전투 도구인데, 프랑스군의 탱크는 실시간으로 통신하면서 조율하는 독일군 앞에서 장님과 다를 바 없었다.

전쟁 승패의 요인을 무전기와 자율성으로 일반화할 수는 없겠지만 여기서 주목해야 할 부분은 커뮤니케이션 방식이 '점대 점'에서 '점대 면'으로 이동했다는 것이다. 점대 점은 일대일의 형태로 연결되는 방식이고, 점대 면은 일대 다, 즉 그룹으로 연결되는 방식이다. 점대 면의 방식을 한 사람의 이야기가 한꺼번에 여러 사람에게 전달되는 형태로, 어떤 공간에 사람들이 모여 대화를 나누는 것과 같다. 하지만 사람들 간의 거리가 조금만 멀어지면 점대 면의 대화는 기술적으로 어려워지고 비용 문제가 발생하게 된다. 돈과 시간, 그리고 기회비용에 관련된 문제가 되는 것이다.

점대 면의 소통 방식

당신이 어떤 모임을 주최하게 되어 한꺼번에 100명에게 연락을 취한다고 생각해 보자. 한꺼번에 여러 명에게 닿을 수가 없던 과거에는 전화를 걸거나 문자를 보내야 했다. 문자 메시지를 보낸다고 해도 똑같은 내용을 한 사람씩 100번 보내야 했다. 문자 수신자는 당신만 인지할 뿐 함께 문자를 받은 사람들의 존재를 알 수 없다. 문자를 받은 사람들 간의 의사소통은 사실상 불가능하다. 그들은 당신을 거쳐야만 다른 이들과 소통할 수 있다. 얼핏 당신의 입장에서 보면 소통의 길목에서 정보의 흐름을 볼 수 있다는 점에서 좋을지도 모른다. 그러나 혼자서 정보의 통제권을 쥐고 있으면 대화량이 조금만 많아져도 당신이 병목 지점이 되어 버리고 만다.

실시간으로 상황이 변하는 전장에서 이런 점대 점의 소통은 자칫 아군의 치명적인 패인으로 작용할 수 있다. 새로운 정보가 하달되어도 그것이 모두에게 도달되는 데까지 시간이 오래 걸리고, 마찬가지로 현장에서 급변하는 이슈가 상부는 물론 동료들에게까지 제대로 전달되었는지를 정확하게 확인하기가 어렵다.

반면에 무전기 방식의 점대 면의 소통 방식은 나와 같은 통신 채널을 공유하는 모든 이들에게 메시지를 전달할 수 있으므로 소통 비용을 급격하게 줄일 수 있다. 전장의 상황을 모두가 즉각 공유한다면 행동에 이르는 시간을 훨씬 줄일 수 있기 때문이다. 그러나 채널에 참여하는 사람들이 서로 다른 니즈를 가진 상태에서 그들의 의견을 조율할 때에는 오히려 의사결정의 복잡성을 높이는 단점으로 작용할 수도 있다. 한 사람의 말이 그룹 전체 구성원들에게 계속해서 영향을 주면 네트워크에 참여한 사람들이 대화를 거듭할수록 초기에 상정한 대화의 목적과는 다른 형태로 바뀔 가능성이 있기 때문이다.

열 명이 한 자리에 모여 함께 영화를 보기로 했다고 생각해 보자. 어떤 영화를 볼지 의견을 모으기가 힘들다. 영화를 본 사람, 취향이 다른 사람이 섞여 있을 뿐 아니라 영화를 이미 본 사람이 그 영화 정말 재미 없더라며 의견을 개진하면 영화를 보려고 했던 사람에게 영향을 끼쳐 결국은 제3의 영화를 보게 되거나, 끼리끼리 보거나 아예 영화를 보지 않게 될 수 있다. 즉, 네트워크의 특성과 목적에 따라 점대 점 소통과 점대 면 소통은 서로 다른 장단점을 가진다.

그래서 필요에 따라 이 두 가지 방식의 장점만 결합한 새로운 소통 방식을 개발하기도 한다. 예를 들면 콜택시로 택시를 부르는 경우가 그렇다. 사용자가 점대 점 방식으로 콜센터에 전화를 걸면, 담당자는 점대 면 도구인 무전기로 택시기사들에게 A에서 B로 이동하고자 하는 승객이 있으니 가능한 기사가 있는지를 타진한다. 그러면 먼저 응답하는 기사에게 승객을 연결하고 무전으로 연결 사실을 전하면 다른 기사들은 응답할 필요 없이 새로운 승객을 기다리면 된다.

역사적으로 청동기에서 철기 시대로 제련 기술의 변화가, 석탄에서 석유로의 에너지 기술의 변화가 산업과 문명 자체를 변모시켰듯 커뮤니케이션 비용을 획기적으로 낮춰주는 기술의 등장 역시 산업과 문화를 완전히 변모시키는 지점을 창조해냈다. 독일군은 프랑스 연합군의 샤르B탱크와 대적할 만한 탱크를 제조하거나 수입하는 것은 애초에 어려운 일이라고 판단했다. 대신 그들은 비대칭 전력상 경쟁우위를 가진 대안을 찾은 것이었다. 비대칭 전력이란 정상적인 상황에선 극복할 수 없는 전력 격차를 우회하거나 넘어설 수 있는 전력으로 상대에게는 없는 전력을 말한다.

독일군은 점대 면의 소통 비용을 획기적으로 낮추기 위해 무전기를 활용했다. 그리고 그 도구가 제공하는 커뮤니케이션 방식에 걸맞은 의사결정 구조를 도입했다. 쉽게 말해 소통 채널의 참가자들을 서로 연결하고 그들 각자의 생각과 지식을 공유할 수 있도록 하는 플랫폼을 사용한 것이다. 소통의 비용을 획기적으로 줄인, 더 빠르고 더 효과적으로 연결하고 반응할 수 있는 새로운 기술은 그렇게 전쟁의 역사를 바꿔버렸다.

겉으로 보기에는 연합군이 막강한 위력의 골리앗이고 독일군은 다윗이었지만, 독일군에게는 골리앗을 쓰러뜨릴 물맷돌이 있었던 것이다. 그리고 반세기가 지나고 또다시 한층 진일보된 점대 면의 비대칭 커뮤니케이션 기술들이 등장하면서 세상은 아날로그에서 디지털로 완전히 옮겨가 버렸고 더 나아가 그 경계마저 무너지고 새로운 형태의 상태로 변모하기 시작했다. 바로 연결과 공유라는 그 방식을 다시금 부활시키면서 말이다.

세상을 바꾼 네 번째 스크린, 4차 산업혁명

전자전기기술과 정보처리기술을 비롯한 3차 산업혁명을 지나 이제 인공지능과 로봇, 바이오 등을 기반으로 하는 4차 산업혁명이 도래하고 있다. 새로운 산업이 많은 사람들의 일자리를 빼앗을 것이고 인류는 커다란 혼란에 직면할 것이라는 암울한 전망이 나오고 있다. 나는 이런 불안을 파는 말들에 속지 말 것을 당부한다. 모든 변화는 사람들의 선택에서 비롯된다. 일면 변화가 외부적인 요인에 의해 일어나는 것처럼 보이지만, 변화란 한 사람 한 사람의 선택이 모여 일어나는 내부적인 일이다.

태산은 본디 한 줌의 흙도 사양하지 않았으므로[泰山不辭土壤, 태산불사토양] 그렇게 높을 수 있으며, 하해(河海)는 작은 물줄기라도 가리지 않았으므로[河海不擇細流, 하해부택세류] 그 깊음에 이른 것이다.

사마천의 《사기(史記)》〈이사열전(李斯列傳)〉에 나오는 말로, 한 줌의 흙, 작은 물줄기 하나하나가 모여 큰 산과 강을 이룬다는 의미이다. 굳이 수천 년 전 고서를 인용하지 않더라도 무언가 새롭고 강력한 것이 등장해 그것이 시대적 특징으로 규정되기까지는 많은 이들의 선택을 받아 일상으로 스며드는 시간이 필요하다. 시대의 변화를 이야기할 때는 바로 이 점을 간과해서는 안 된다.

퍼펙트스톰의 전반을 구성하는 큰 뼈대 역시 이와 같다. 단순히 새로움의 등장을 다루는 대신, 그것이 우리의 생활에 어떻게 스며들지 이후 일상이 어떻게 달라질지를 다루어야 한다. 따라서 이 책에서는 4차 산업혁명이 무엇이며, 어떤 기술과 산업들이 도래할지 피상적으로 소개하는 대신, 우리의 일상에서 선택되고 확산되는 지점들을 바탕으로 전체의 변화를 아우르고자 한다. 또한 증기기관의 1차 산업혁명, 대량생산의 2차 산업혁명과 같은 연대기 형태가 아니라 우리의 일상을 완전히 뒤바꾼 선택인 '스크린'을 바탕으로 분류를 제시하고자 한다.

제1의 스크린 − 집단적인 경험을 선사하다

처음 세상은 모든 것이 아날로그였다. 디지털이란 존재하지 않던 시절, 아이들은 바깥에서 구슬치기와 공기놀이, 말타기와 같은 놀이를 하며 시간을 보냈다. 모든 연결은 가정과 마을 중심의 개별적인 것이었다. 당시 사람들이 공유하는 유일한 스크린은 극장이었다. 대한뉴스는 모두가 기다리는 빅 뉴스였고 스크린을 통해서 비추는 신파극은 연애 멜로극이 아니라 판타지극이었다. 극장에서 돌아온 사람들은 모두가 함께 스크린에서 본 이야기를 나누기에 여념이 없었다. 스크린은 그야말로 로망이었고, 세상을 열어주는 소통 채널이었다.

그리고 새로운 스크린, 바로 TV의 등장으로 극장의 스크린이 가정으로 옮겨왔다. 한국은 1960년대를 기점으로 TV가 보급되기 시작했다. 1969년 아폴로 11호가 지구의 중력을 뚫고 달에 착륙하는 전 지구적인 사건이 벌어진다. 일류가 마침내 한 발자국 도약한 이 순간을 무려 6억 명이 TV로 시청했다고 하는데, 가히 스크린의 혁명이 일어났다고 할 수 있다. 사람들에게 TV 스크린은 동경과 경이로움의 대상이었다. 당시 TV 보급률이 높지 않은 한국에서 TV 스크린은 혼자 조용히 보는 용도가 아니었다. 특별한 시간대에 온 가족이 모여서 보거나 온 동네 사람들이 함께 모여 보는 감동의 시간이었다.

모두가 공유하고 모두가 함께 나누는 공동의 세상. 개인은 곧 사회의 일부이며, 사회와 분리될 수 없는 존재였다. 사람들의 의식은 공동체의 그것과 언제나 동일했다. 그리고 사람들이 소식을 전하고 공유할 수 있는 유일한 방법은 TV와 라디오, 그리고 전화 정도밖에 없었다. 당연히 사람들은 미디어를 통해 세상의 많은 정보를 접할 수 있었다.

제2의 스크린 – 경험의 개인화

　1980년대 이후, 바야흐로 대량생산과 세계화의 시대가 도래했다. 이념 대립으로 인한 냉전 체제가 끝났고, 무역장벽이 무너지면서 거의 모든 종류의 상품, 서비스들이 본격적으로 무한경쟁에 돌입했다. 비싸기 그지없던 전자제품, 정보기기들이 일반 소비자도 구입할 수 있을 정도로 저렴해지기 시작했다. 본격적인 소비자 시대로 진입한 것이다. 전 세계를 대상으로 하는 대량생산과 이를 구매하는 막대한 소비자층이 탄생함으로써 거대한 시장이 만들어진 것이다.

　스크린에서도 마찬가지였다. 부잣집에나 한 대씩 있던 TV는 각 가정으로 보급되어 이웃 신경 쓰지 않고 마음껏 TV를 시청할 수 있게 되었다. 집안에 한 대 있을까 말까 하던 라디오도 자녀수만큼 보유할 정도로 널리 보급되었다. 부모나 아이들이 각자의 방에서 라디오를 틀어 놓고 듣고 싶은 채널을 청취하는 모습이 자연스럽게 느껴질 정도가 되었다. 길거리에서도 귀에 이어폰을 낀 채 미니 카세트 라디오를 들고 다니며 음악을 듣는 사람들이 많아졌다. PC나 게임기 한 대쯤 있는 집도 제법 많아졌다. 그래서 모두 함께 모였을 때만 볼 수 있었던 각종 쇼, 드라마, 영화, 라디오의 모든 내용들이 이제는 소규모 가족 단위를 타깃으로 제작되었다. 스크린은 이제 마을의 공동체가 함께 공유하는 것이 아니라 가족을 위한 것이 되었다. 경험은 훨씬 개인화되었다.

제3의 스크린 — 소비에서 공유의 시대로

　1990년대로 접어들자, 세계화와 무한경쟁의 소용돌이 속에 각종 전자기기들은 마음만 먹으면 소유할 수 있을 만큼 저렴해졌다. 모두가 한 곳에 모여 함께 보던 TV는 이제 방마다 한 대씩 있을 정도로 보급되었을 뿐 아니라, TV를 보기 위해 가족들이 한자리에 모이는 일도 찾아보기 어려워졌다. 아예 TV를 보유하지 않는 집도 많아졌다.

　스크린은 이제 개인의 손안으로 옮겨갔다. 개인의 손에는 TV 시청 기능은 물론 화상 통화 기능과 각종 메신저 기능을 장착한 휴대폰이 널리 보급되었다. 카메라나 캠코더, MP3, PMP 등의 디지털 기기들이 과거에는 상상할 수 없을 만큼 저렴해지면서 사람들은 저마다의 디지털 디바이스를 하나 이상 가지고 다녔다.

　사람들은 이제 TV를 보기 위해, 전화를 하기 위해, 대화를 하기 위해 특정 공간에 모이지 않았다. 거의 모든 종류의 디바이스들은 손안에 휴대할 수 있을 만큼 소형화되었고 모바일, 스마트 디바이스가 산업의 중심이 되었다. 휴대폰이 없는 사람은 찾아보기 어려워졌다. 누군가와 대화를 하고 있거나 열심히 업무에 몰입하고 있을 때가 아니면, 우리는 언제나 휴대폰을 들고 문자를 보내고 있거나 친구에게 전화를 하거나 MP3 또는 PMP로 멀티미디어를 감상했다.

　스크린은 모두의 손 안에 들어갔다. 한편, 초고속 광대역 인터넷망이 전 가정에 보급되었고, 이제 데스크탑뿐 아니라 노트북 컴퓨터 한 대를 추가로 더 가지고 있는 사람이 흔할 정도로 널리 확산되었다. 컴퓨터 속도가 느려 인터넷을 못하겠다, 업무를 못하겠다는 얘기는 사라진 지 오래다. 인터넷은 우리의 삶 그 자체가 되었다. 정보는 누구나 접속할 수 있는 형태로 평준화되었고 아날로그와 디지털의 경계가 완전히 무너졌다.

그리고 사람들은 스크린을 공유하기 시작했다. 자신의 스크린으로 촬영한 것을 사람들과 나누었다. 언제 무엇을 하든 삶의 주인공은 이제 자기 자신이 되었다. 셀카 놀이를 하며 하루종일 혼자 노는 게 가능한 사람도 많아졌다. 경험은 극적으로 개인적인 것이 되었다. 출퇴근 지하철을 타면 수많은 사람들이 얽혀 서 있지만, 거의 대부분 아무 말을 하지 않은 채 책이나 신문을 보고, DMB로 방송을 보고, 누군가에게 문자를 보내고 있다. 와중에 셀카를 찍는 사람들과 함께. 수백 명이 함께 있어도 혼자 있는 것과 다르지 않은 공간의 탄생. 그것이 제3의 스크린이었다.

친구의 살아가는 이야기를 직접 만나서 아는 것보다 SNS를 통해서 아는 것이 보편화되었다. 디지털 세상, 이곳에는 나를 나타내는 또 하나의 자아가 존재하며, 실세계의 사람들은 가상 세계의 나를 실제의 나 자신과 동일하게 느꼈다. 사람들은 이제 생산된 제품을 선택하는 수동적 소비자에서 벗어나 자신이 원하는 제품을 만들어 달라고 요구하고, 생산자의 제품 개발과 유통 과정에 적극적으로 관여하는 프로슈머가 되었다. 제품을 잘 만들어서 잘 광고하기만 하면 잘 팔리던 유통의 단방향성은 사라졌다.

제4의 스크린 ─ 전 인류와 내가 연결되는 세상

스크린은 이제 더 이상 가상의 세상이 아니다. 현실 자체가 가상세계와 완전히 통합되고 있다. 세상의 모든 것들이 네트워크를 통해 연결되어 있다. 모든 사물이 연결되기 시작하고 사람들과 상호작용을 일으킨다. 디지털과 아날로그의 경계는 의미가 없다. 사람이 원할 때 디지털 세상에 접속하는 형태가 아니라 이 세상 자체가 디지털과 완전히 융합되어 현실 세계에 디지털이 입혀진 형태를 띨 뿐 아니라 가상세계의 모습이 현실에도 그대로 동기화되었다.

세상은 삶이 그대로 기록되고 그대로 공유되는 '라이프셰어(Life share)'의 시대로 접어들었다. 역사상 개인이 이토록 외부와 연결된 적이 있었던가. 내가 누군가에게, 어떤 조직이나 그룹에 속해 있는 형태가 아닌 전 인류가 나 자신과 연결되어 있는 세상. 그것이 바로 제4의 스크린이다.

세상에 홀로 떠 있는 자기 자신을 극명하게 인식할 수밖에 없을 만큼 개인화가 극단에 놓였다. 그래서 우리는 그 어느 때보다도 혼자임을 자각하게 된다. 남들에게 내가 어떤 모습으로 보일지, 어떻게 비춰질지가 가장 관심의 중심인 세상. 그래서 우리는 외롭다. 사회 공동체가 곧 나 자신이었던 시대에서 나 자신이 곧 세상인 시대로, 조직 속에 나를 묻어가면 되던 시절에서 발가벗겨진 듯 세상에 나를 드러내야 하는 시절로의 극적인 변화 이것이 지금 우리가 접하고 있는 세상의 모습이다. 인류 역사상 그 어느 때보다도 세상의 중심에 나 자신을 놓고 사는 시대가 된 것이다.

하지만 개인화의 끝은 외로움이 아니라, 전혀 새로운 단계로의 서막이 열리는 촉매였다. 이른바 '뉴 르네상스'가 열린 것이다. 역사적으로 르네상스는 14~17세기에 일어났던 인류사적 대 사건이었다. 폭발적이라고 할 만큼 수많은 작가, 예술가, 과학자, 철학자, 발명가 등이 등장했고, 이들이 이끌어낸 작품과 업적은 혁명적이라 할 만큼 인류의 사상과 가치, 문화에 큰 획을 그었다.

르네상스 시대를 이전과 이후로 구분 짓는 가장 큰 축은 신 중심의 사회에서 인간 중심의 사회로의 변화이다. 인간은 비로소 인간이라는 스스로의 존재 가치를 발견하게 되었고, 자신이 속한 종교나 단 하나의 세계관에서 벗어날 수 있게 되었다. 그리고 서로 만나고 지식과 문화를 교류하면서 급격히 똑똑해지기 시작했다. 지식과 정보가 늘어났고, 급기야 그 수준은 당시의 권력자들을 뛰어넘기에 이르렀다.

제4의 스크린 역시 마찬가지다. 나보다 집단이 중요하고, 대중의 모습을 따르던 개인이 이제는 집단 속의 나, 대중 속의 나를 인지하고 나의 관심을 함께할 수 있는 이들간의 새로운 연결을 취하기 시작했다. 인간은 외로워진 것이 아니다. 집단이라는 익명성 속에서 스스로 걸어 나오기 시작한 것이다. 인간이 개인화되고 외로워지는 만큼 우리는 내가 속해 있는 집단과는 상관없는 나 자신의 솔직한 생각으로 걸어 나오게 된다.

제4의 스크린은 세상의 모든 스크린이 연결되고, 세상의 모든 사물들이 연결되면서 일어나는 새로운 '나 자신으로의 르네상스'를 일으키고 있다. 각자의 다름이 팽창하며 그런 다양한 스펙트럼이 한데 어우러질 수 있는 환경, 연결이 만들어내는 혁명을 열어내고 있는 것이다. 우리가 물어야 할 것은 그래서 어떤 기술이냐가 아니라 그런 환경 속에서 무엇이 연결되는지를 살피는 일이고 그 연결이 만들어내는 변화인 것이다.

파도에 올라탈 준비가 되었는가

퍼펙트스톰은 서로 관련이 없어 보이는 개별적인 기상 현상들이 겹쳐져 한꺼번에 만났을 때 나타나는 높이 30미터짜리 거대한 파도를 말하는 것으로 100년에 한 번 나타나는 파괴적인 현상이다. 모든 것을 집어 삼키는 재앙의 상징인 퍼펙트스톰은 단순히 기상 현상뿐 아니라 사상 최악의 위기가 도래하는 상황을 뜻하는 용어로도 사용된다. 세계적인 경제학자 뉴욕대 누리엘 루비니 교수도 글로벌 경제에 대한 전망을 제시할 때 '퍼펙트스톰이 닥쳐올 것이다', '퍼펙트스톰은 피할 것이다'와 같이 위기를 퍼펙트스톰에 빗대어 말했다.

태풍이 일어나기 전에는 서로 상관없어 보이던 다양한 요인들이 끌어 당기고 만나면서 물리적 화학적 결합을 일으키는 거대한 융합이 일어난다. 그래서 이 거대한 파도가 기존에 있던 것을 쓸어내 버린 뒤 바다는 새로운 변화로 안정을 되찾게 되고 잔잔해 보이지만 이전과는 다

른 상태로 전이된다.

우리가 주목해야 하는 것은 이 퍼펙트스톰의 이면이다. 거대한 변화의 파도가 몰려올 때, 많은 사람들은 그 변화의 다양성과 파급력에 압도되어 죽음의 공포를 느낄지도 모른다. 파도가 만들어내는 소용돌이에 허우적대며 살아남기 위해 지푸라기라도 붙들고 발버둥을 칠 것이다. 만약 파도를 무서워하지 않고 올라탈 수 있다면 이 변화의 파도가 담고 있는 구체적이고 실현가능한 기회를 발견하고 거침없이 뛰어들어 두 손으로 사로잡고자 노력할 것이다.

바다의 파도를 향해 달려가는 서퍼들은 자신에게 다가오는 파도에 몸을 던진다. 어떻게 그런 위험한 행동을 하는 것일까? 이들은 솟구치는 파도의 위를 잡으려는 것이 아니다. 파도의 끝은 위치 에너지의 극점으로 가장 큰 위치 에너지를 갖지만 올라타는 순간 아래로 곤두박질칠 위험이 따른다. 서퍼들이 진정 타고 싶어하는 것은 파도 위가 아니라 파워존이라고 불리는 지점으로 파도가 만들어내는 터널, 즉 파이프라인이다. 아래로는 어마어마한 에너지를 밀어올리는 조류 에너지를 느끼고, 머리 위로는 그 에너지가 밀어올려 만들어낸 막대한 위치 에너지가 결집된 솟구치는 무시무시한 파도를 온몸으로 받아들이기 때문이다.

파이프라인의 모습은 말로는 형언할 수 없을 만큼 아름답다. 멀리서 보면 파도는 그저 집어 삼킬 듯한 구부린 모양으로 모든 것을 밀어내는 것처럼 보이지만, 파도의 안에서 보면 그것은 어마어마한 에너지가 변환되는 마법의 터널이다. 서퍼들은 이 마법에 열광하는 것이다. 파도의 에너지 터널을 찾아내고 그 파도가 만들어내는 초고속 열차를 탄 채 파도와 함께 나아가는 것이다. 이것을 서핑 파이프라인이라고 부른다.

흥미로운 것은 이 파도를 가장 오래 즐기는 방법이다. 그것은 파도의 높은 부분을 올라타는 것이 아니라 파도가 일어나는 측면의 시작 지점으로 다가가는 것이다. 파도는 가장 에너지가 응축된 가운데를 향해 블랙홀처럼 모든 것을 빨아들이기 때문에 측면을 올라타면 엄청난 속도를 느끼며 가운데를 향해 서퍼를 빨아들인다.

당신이 서퍼라면 파도를 어떤 식으로 타겠는가. 순전히 선택의 문제다. 하지만 그것이 만들어내는 최고의 감동을 느끼고 싶다면, 일순간이 아니라 오랫동안 타고 싶다면 당신은 파도가 일어나는 순간을 향해 거침없이 뛰어들어야 한다. 즉, 몰려오는 파도를 목격하면 가급적 파도가 일어나는 시작 지점으로 달려갈 때 그것이 담고 있는 가장 거대한 에너지를 만나게 될 것이다.

퍼펙트스톰은 100년에 한 번 정도 나타나는 거대한 변화 현상이다. 그것은 대재앙의 모습으로 수많은 사람들이 생명을 잃는 절망의 파도일 수도 있고, 감당할 수 없을 만큼의 변화가 창발하는 르네상스의 파도일 수도 있다.

그 변화의 파도를 올라탄 사람은 그 에너지로 거짓말처럼 기존의 질서를 뒤집으며 새로운 시대를 여는 주인공이 되었고 순식간에 역사에서 사라지는 불운을 만나기도 했다.

인류는 구석기, 신석기, 청동기, 철기와 같은 도구의 진화라는 퍼펙트스톰을 지나왔고, 르네상스와 종교 개혁, 대항해시대라는 지적 혁명과 의식 혁명의 퍼펙트스톰을, 흑사병과 대기근의 끔찍한 질병의 퍼펙트스톰은 물론 세계대전을 통한 전쟁과 에너지, 과학기술의 퍼펙트스톰을 맞았다. 그리고 컴퓨터와 인터넷이라는 지식정보혁명의 퍼펙트스톰을 건너왔다.

우리는 지금 또다시 퍼펙트스톰을 만나고 있다. 우리가 일상을 살아가는 방식에서부터, 삶을 지속하는 방법은 물론 기존에 우리가 전혀 의심한 적도 없었던 당연한 질서들이 근본적으로 뒤바뀌며 모든 것을 다시 의문을 갖고 들여다보는 시기가 되었다. 치열한 경쟁으로 포화되어 더 이상 새로운 가치를 만들어낼 수 없다는 레드오션의 지점이 사실은 엄청난 에너지를 촉발해내는 새로운 블루오션으로 자리 잡았고, 위기와 혼란으로 보이는 것들이 사실은 기회로의 변곡점이었음을 깨닫고 있다. 모든 것이 변화하고 새롭게 다시 쓰여야 하는 지점에 선 것이다. 퍼펙트스톰 속에 세계는 기존의 규칙들이 붕괴하고 완전히 새로운 형태의 질서로 재편되고 있다.

일면 이 변화들이 그야말로 큰 위기처럼 보이지만 파도를 밀어내는 그 조류 에너지의 터널을 탈 수 있다면 우리는 그야말로 가장 아름답고 경이로운 서핑 파이프라인을 만나게 될 것이다. 당신이 서퍼라면 위기와 혼란으로 보이는 이것들이야말로 기회로의 변곡점임을 깨닫게 될 것이다. 그래서 다시 물어야 한다. 파도의 모습이 어떠한가, 어떤 파괴적 혁신을 만들어낼 것인가 자체보다 무엇이, 왜 이런 파도를 만들어내고 있는지 내 발 아래의 거대한 조류 에너지를 이해해야 한다. 그런 상태에서 나의 머리 위로 솟아오르는 새로운 기회를 포착하고 견인해야 할 것이다. 그것이 가장 우리를 더 먼 곳으로 안내해 줄 테니까.

이제 퍼펙트스톰을 탈 준비가 되었는가? 그렇다면 이 책은 여러분을 그 여정으로 안내할 것이다. 환영한다. 이제 파도가 시작되는 지점으로 달려가보자.

제2장

연결되면
달라진다

단절의 종말,
경계의 융합

당신은 아침에 일어나면 제일 먼저 머리맡의 스마트폰을 확인한다. 그런 다음 카카오톡 메시지 알림을 확인하고, 페이스북이나 인스타그램에 접속해 잠든 사이에 어떤 알림이 있었는지 바로 확인한 후 관심을 끄는 게시물에 '좋아요' 버튼을 누를 것이다. 다음은 대만 스마트폰 제조사 HTC가 만든 광고 카피로 하루를 스마트폰으로 시작하는 우리의 일상을 기막히게 잘 표현하고 있다.

이것은 아침에 일어날 때 가장 먼저 보는 것이고
잠들기 전 가장 나중에 보는 것입니다.
이것은 당신을 열 받게 하고
당신을 진정시키기도 합니다.
기억하는 데 도움을 주고

잊어버리는 데도 도움을 줍니다.

당신이 항상 사람들과 연결되도록 하는 것이고

당신이 소유하고 있는 유일한 것이며

항상 손이 닿는 거리에 존재하는 것입니다.

폰이 필요 없는 상황에서도

당신은 폰이 필요합니다.

사실 폰이 당신을 갖고 있는 것입니다.

당신을.

우리가 스마트폰을 가진 것이 아니라 스마트폰이 우리를 가진 것일까. 사람이 스마트폰을 가지고 있는 것처럼 보이지만 실상은 폰이 사람을 가지고 있는 것이라는 발상은 그만큼 우리가 스마트폰에 의존하고 있음을 보여준다.

이제 우리는 SNS로 연결된 지인들이 공유한 링크를 통해서 각종 뉴스나 정보를 접한다. 방금 전에 최근 소식을 확인하고도, 새로고침 버튼을 연신 눌러대며 업데이트된 내용이 없는지 다시 확인하고 있다. 특히 내가 업로드한 사진이나 포스팅한 글이 있다면 새로고침 간격이 더욱 짧아질 것이다. 누군가 나의 이야기에 반응을 보이지 않았는지, 내 메시지에 답하지 않았는지 궁금하기 때문이다.

반면에 종이신문이나 잡지는 미용실에서 지루한 시간을 때우는 용도로 전락했다. 이제 궁금한 것이 있으면 검색사이트에서 정보를 찾기보다 SNS에서 친구들에게 물어보는 것이 더 빠르고, 신뢰할 수 있다.

스마트폰이 있기 전에 우리는 뭘 하면서 시간을 보냈을까? 몇 년도 안 된 일인데 잘 생각나지 않는다. 방금 떠오른 이 생각이 재미있어 페이스북에 글을 올린다. 글을 본 이들이 공감을 표시하고 댓글을 달 것이다. 디지털은 이제 나에게 녹아들어 그 경계조차 없어지고 있다. 그야말로 공기와도 같은 것이다.

라디오와 팩스 중 어느 것이 먼저 발명됐을까? 라디오라고 생각하는 사람이 더 많겠지만 기술은 유선에서 무선 순으로 발전했다. 팩스가 먼저 발명됐다는 뜻이다. 팩스는 1865년에 최초의 상용화 제품이 나왔고, 라디오는 1907년에 나왔다. 그렇다면 왜 라디오라고 생각하는 사람이 더 많을까? 우리가 살아가고 있는 지금 이 시대에 라디오나 팩스는 새로운 것이 아니며, 둘 다 그냥 당연히 존재하는 것이고, 그래서 어느 것이 먼저 나왔는지는 생각해본 적이 없기 때문이다. 어떤 서비스나 제품이 공공재처럼 그 시대의 인프라가 될 경우, 우리는 그 존재를 공기처럼 느끼며 살아가게 된다.

지금 우리가 경험하고 있는 시대가 바로 이 지점에 놓여 있다. 디지털은 인프라가 됐다. 특히 인터넷은 공공재라 할 수 있다. 이제 사람들은 단수로 물을 쓰지 못하는 것은 참아도 인터넷 접속 불량은 참지 못한다. 스마트폰이나 태블릿 같은 스마트 디바이스들은 인터넷에 항상 연결되어 있게 해주는 고리이다. 그리고 인터넷은 정보의 바다를 지나 사람들로 가득 찬 연결의 바다로 진화했다. 특정 서버에 고이 저장된 정보는 사람들의 방문으로 발견되는 게 아니라 사람들의 연결에 의해 유지되는 거대한 시냅스가 됐다. 그리고 이러한 조류는 생각지도 못했던 새로운 가치를 탄생시키고 있다.

　이제 우리는 연결의 시대로 완전히 진입한 것이다. 일부 저개발지역을 제외하고는 거의 모든 사람들이 인터넷을 사용하고 있으며, 스마트폰으로 연결되어 있다. 2013년 실리콘밸리 최상위 벤처캐피털 안드레센 호로위츠 소속의 애널리스트 베네딕트 에반스는 "모바일이 세계를 점령한다"고 선언했다. 이제 우리는 실제로 그런 시대로 진입했다. 에반스의 말을 그대로 인용하자면 '단절의 종말(The End of the Unconnected)'을 맞은 것이다. 2020년이면 세계 성인 인구의 80%가 스마트폰을 가질 것으로 전망된다. 크기만 보면 PC가 스마트폰보다 더 많은 것을 할 수 있을 것으로 보이지만 아이폰7의 성능은 1995년 출시된 펜티엄 PC보다 1,000배나 많은 트랜지스터를 내장하고 있고 40배나 빠르다.

　사람들은 아침에 눈을 뜨는 순간부터 스마트 기기를 이용해서 각종 미디어 콘텐츠를 소비한다. 과거 미디어를 소비하는 시간대는 사무실이나 집 책상에 있는 PC에 접속할 때나 아침저녁 출퇴근이나 등하교 시간이었다. 하지만 이제 그 구분은 무의미해졌다. 눈을 뜨고 본격적으로 활동하는 시점부터 사람들은 항상 온라인에 연결돼 있다. 미디어를 시청하고, 정보를 열람하고, 물건을 주문한다. 물리적인 활동과 온라인 활동의 구분이 무색한 것이다. 다시 말해 사람들은 24시간 그들의 의식이 깨어있는 동안 현실세계를 살아가지만 온라인이 함께 연결된 상태이다. 온라인이 오프라인이고, 오프라인이 온라인이다. 이것은 새로운 세계를 만들어내는 근간이 된다.

단절이 두려운 사람들, 배터리와 스타벅스

현대인들이 가장 두려워하는 순간은 언제일까? 바로 스마트폰 배터리가 바닥났을 때가 아닐까?

2016년 LG전자 미국 법인은 흥미로운 리서치 결과를 발표한다. 스마트폰 사용자 2,000명을 대상으로 배터리가 부족할 때 겪는 심리적인 상황을 조사했는데 놀랍게도 10명 중 9명이 배터리 잔량이 20% 이하로 떨어지면 육체적인 고통을 느낀다는 것이었다. LG전자는 이를 배터리부족불안증(Low Battery Anxiety)이라고 명명했다. 배터리가 부족할 때 나타나는 대표적인 증상으로는 불안과 초조함이 있으며, 심한 경우 우울해지거나 어깨통증, 두통을 느꼈다는 사람들도 있다.

10명 중 9명이나 이런 배터리부족불안증을 경험했다면 일상에서 누구나 흔히 겪는 일이라는 뜻일 것이다. 배터리가 바닥나서 휴대폰이 꺼지면 당신은 어떻게 하겠는가? 당장 이 책을 덮고 어딘가로 충전을

하러 가지 않을까? 스마트폰 배터리를 탈착형으로 하는 것이 전원 문제 해결의 대안이라는 주장도 있었으나, 배터리를 교체하는 동안 스마트폰이 꺼진다는 사실에 이용자들이 강한 거부감을 표시하는 아이러니가 생기기도 했다.

관련 조사 내용 중 흥미로운 부분은 다음의 질문이다. 이 중에서 여러분은 몇 가지나 해당되는가?

1. 낯선 사람에게 자신의 휴대폰을 충전해 줄 수 있는지 물어본 적이 있다.
2. 본인이 전화를 받지 못했거나 문자에 대답하지 않았다는 이유로 중대 사안이나 연애 애정도와 관련해서 변명하거나 다툰 적이 있다.
3. 배터리를 충전하기 위해 카페나 레스토랑에 들어가 메뉴를 주문한 적이 있다.
4. 다른 사람의 충전기를 몰래 빌려(훔쳐) 사용한 적이 있거나 그런 충동을 느낀 적이 있다.
5. 충전 케이블을 세 개 이상 가지고 있다.

다섯 가지 모두에 해당돼 깜짝 놀라는 이도 적지 않을 것이다. 아니 상대방이 누군지도 모르면서 어떻게 당신의 물건을 부탁하는 건가. 일하다 보면 전화나 메시지를 못 받을 수도 있지 왜 상대에게 변명을 한단 말인가. 배터리 좀 떨어지면 어째서 충전을 하려고 음식을 주문한단 말인가. 배터리가 뭐라고 다른 사람의 케이블을 몰래 뽑아 당신의 것에 연결하려는 충동을 느낀단 말인가. 스마트폰 한 대 때문에 충전 케이블을 몇 개나 구입한단 말인가. 생각해보면 모두 합리적이지 않은 상황임에도 우리는 어느새 이런 일상이 익숙해져 버렸다.

한 집 건너 한 집이 커피숍일 정도로 커피숍이 범람하면서 위기를 겪던 스타벅스는 사람들의 배터리부족불안증 덕을 톡톡히 봤다. 요즘 스타벅스 매장은 어디나 인산인해를 이룬다. 커피 맛이 획기적으로 더 좋아진 것도 사람들의 눈길을 확 끄는 인테리어로 리모델링을 한 것도 아닌데 무슨 일이 일어난 것일까?

스타벅스는 고객의 니즈 중에 자신들이 충족시켜 줄 만한 것을 찾아낸 것이다. 바로 '전기 전원'이다. 이제 사람들은 그야말로 하루 종일 스마트폰을 사용한다. 아침부터 밤까지, 눈을 뜨고 잠들 때까지 스마트폰을 놓지 않으니 배터리가 남아날 리가 없다. 집에서 100% 충전을 하고 나온 날에도 정오가 되면 떨어지기 일쑤일 테고, 실수로 충전을 하지 않고 나오는 경우도 많을 것이다. 배터리 잔량이 10% 이하로 떨어지면 사람들은 전원 콘센트의 돼지코를 찾는 데 혈안이 된다.

스타벅스는 이 부분에 주목해 원형 테이블을 줄이고 전기 콘센트 시설을 갖춘 직사각형 모양의 테이블 수를 대폭 늘렸다. 사람들은 기왕 커피숍에 갈 거면 스마트폰 배터리를 충전하기 편리한 스타벅스를 방문한다. 옆에 누가 앉아 있어도 개의치 않는다. 자신의 배터리를 충전하기 위해서라면 그 정도 불편함은 감수해야 하니까. 사람들의 욕구와 관심을 연결하는 환경을 제공함으로써 스타벅스가 다시 사람들이 찾는 장소로 변모한 것이다.

커피숍과 같이 고객이 머무는 공간을 제공하는 시설에서 충분한 전원 콘센트를 설치하는 것은 이제 기본이 되었다. 최근 테이블 위에 7개짜리 USB 연결 포트를 설치하고, 아래에는 두 개짜리 전원 소켓을 설치한 카페가 생겼을 정도다. 이곳에 와서 충전 안 된다 따위의 소리는 하지 말라는 기세이니 그 열기가 어느 정도인지 짐작이 될 것이다.

인간 욕구의 새로운 단계, 연결의 욕구

적색 신호로 인한 정차는 운전자에게 스트레스를 안겨주는 요인이었다. 기분 좋게 드라이브를 하다 갑자기 신호등이 빨간색으로 바뀌면 신호등을 왜 이렇게 만들어놓은 거냐며 짜증을 내곤 했을 것이다. 얼마 전까지 당신은 자율주행 자동차나 무인자동차에 대해 반감을 가지고 있었을 것이다. 인간보다 더 안전하다고 하지만 어떻게 기계한테 내 안전을 맡길 수 있는지 나는 절대 타지 않겠다고 생각했을 것이다.

그런데 이상한 일이 벌어지기 시작했다. 운전자들은 도로주행 중 신호등이 적색으로 바뀌는 것보다 신호등이 적색으로 바뀐 지 얼마 안됐는데 금방 초록색 주행 신호가 들어오는 것을 더 싫어하기 시작한 것이다. 아니 신호등이 빨리 바뀌면 좋은 것 아닌가?

최근 교차로에서 신호가 바뀐 줄 모르고 도로를 막고 있는 운전자는 대부분 스마트폰으로 카카오톡이나 SNS 등을 확인하고 있었을 것이

다. 신기하게도 스마트폰을 보는 순간은 시간이 비현실적으로 빨리 지나간다. 성인물 유통으로 유명한 김본좌라는 사람이 "야동을 한 번도 안 본 사람은 있어도 한 번만 본 사람은 없다"고 말했는데, 적절한 비유는 아닐 수도 있겠으나 나는 그의 말을 이용해 다음과 같이 단언하고 싶다. 주행 중에 스마트폰을 한 번도 안 본 사람은 있어도 한 번만 본 사람은 없다.

과거 도로에서 자동차가 비틀비틀 좌우로 선을 밟으며 넘어다니는 경우는 음주운전이거나 졸음운전이 대부분이었다. 하지만 이제는 스마트폰을 사용하는 것이 주요 이유다. 교통사고 원인 1위는 다름 아닌 '전방주시태만'인데 그 세부 원인의 절반이 바로 주행 중 스마트폰 사용이다. 즉 주행 중에 스마트폰을 조작하다가 앞차의 상황을 파악하지 못하고 추돌하는 경우가 대부분이고 옆 차선으로 이동하다가 깜짝 놀라 차로를 변경하다가 전복되는 사고도 심심찮게 발생하고 있다.

잠깐만 방심해도 자기 목숨을 위험에 빠뜨릴 수 있지만 사람들은 마치 담배나 술 등의 약물중독처럼 스마트폰의 유혹에서 자유롭지 못하다. 이에 사람들은 주행 중 직선 구간 정도는 앞차가 속도를 줄이거나 급정거를 해도 추돌하지 않고 같이 속도를 감속해 주면 좋겠다고 생각한다. 차량이 정체된 상황에도 내 자동차가 앞차의 흐름을 알아서 쫓아가 주면 좋겠다는 것이다.

2015년을 기점으로 대부분의 자동차에 적응형 순항제어시스템(ACC, Adaptive Cruise Control or Autonomous Cruise Control)이라는 안전 드라이빙패키지를 옵션으로 장착할 수 있게 되었다. 소형차부터 대형차에 이르기까지 약간의 차이가 있지만 이 패키지를 장착한 자동차는 시속 180킬로미터에도 앞차에 맞춰 속도를 자동 조절할 수 있다. 기존의 순항제어시스템(Cruise Control)은 한 번 속도를 맞추면 앞차의 속도와 상관없이 그 속도대로 주행한다. 하지만 ACC는 시속 100킬로미터로 맞추면 앞차가 없을 경우에는 100킬로미터로 정속 주행을 하다가 앞차가 나타나면 앞차의 속도에 맞춰 주행한다. 옆에서 다른 차량이 끼어들면 자동으로 속도를 줄인다.

모든 산업은 그 기능을 필요로 하는 사람들이 충분히 있다면 그것을 상품으로 양산해낸다. ACC의 편리하고 안전한 기능에 익숙해진 사람들은 곧 운전자가 핸들과 가속페달, 브레이크 등을 조작하지 않아도 스스로 목적지까지 찾아가는 자율자동차도 받아들이게 될 것이다. 미국 시장조사 기관인 내비건트리서치는 2020년부터 자율주행차가 본격 양산될 것이며, 자율주행차의 점유율은 점진적으로 증가하여 2025년에는 4%, 2030년 41%, 2035년 75% 정도가 될 것이라고 전망했다. 그러나 이보다 더 빠른 속도로 점유율이 증가할 것이라고 전망하는 전문가들도 등장하고 있다.

그렇다면 무인자동차는 과연 어떻게 될까? 절대로 안 된다고 하던 생각이 어느새 있으면 편리하겠다는 생각을 넘어 가지고 싶다로 바뀌지 않을까? 그렇다. 그렇게 사람들은 조금씩 조금씩 절대로 안 될 것 같다고 생각하던 것들을 서서히 받아들인다. 결국 자동차 시장은 무인자동차로 완전히 변할 것이다. 주행 중 필요할 때만 개입하는 자율보조주행이 아니라 자율주행이 기본이며 사람이 의도할 때만 운전자에게 주도권을 넘겨주는 형태로 말이다. 인간의 스마트폰 사용이 결국 자동차 산업에도 큰 영향을 미치는 것이다.

이처럼 어느 순간 사람들에게 스마트폰은 손에서 놓지 않는 존재이자, 전원을 끄거나 연결이 끊기면 안 되는 '올웨이즈 커넥티드(always connected)' 기기가 되었다.

매슬로우 욕구 5단계 이론에 대해 알고 있을 것이다. 매슬로우 욕구 이론은 먹고 자는 기본적인 생존의 욕구부터 그것들이 실현되었을 때에 각각 위로 놓이게 되는 일의 욕구, 사랑과 소속감의 욕구, 자아실현 욕구까지 인간의 욕구에는 우선순위가 있어 단계별로 구분된다는 것이다. 나는 이제 이 욕구를 5단계가 아니라 6단계로 구분지어야 한다고 생각한다. 바로 가장 아래 생존의 욕구보다 더 기반이 되는 중요한 욕구가 생겨났기 때문이다. 먹고 자는 욕구보다 더 근원적인 욕구란 무엇일까? '와이파이(Wifi)' 욕구, 즉 연결의 욕구라고 할 수 있다.

오늘을 살아가는 우리에게는 생존의 욕구보다 연결의 욕구가 더욱 근원적이다. 자신의 배고픔보다 휴대폰을 굶기지 않는 게 더 중요한 사람들이 생겨나지 않았나. 나는 굶더라도 내 스마트폰이 꺼지는 것은 용납할 수가 없다. 생존의 욕구만큼이나 연결의 욕구가 강해진 것이다. 스마트폰을 몸에 지니지 않고 일상생활을 영위하는 사람은 모든 것으로부터 초월한 해탈자이거나 스마트폰을 소유하고 싶어도 할 수 없는 사람일 것이다. 물론 이런 해석에 회의적인 시각도 있을 수 있다. 하지만 시대를 막론하고 현재 상태를 뛰어넘는 연결성을 이끌어내는 수단이 생겼을 때 우리는 '혁명'을 만났음을 기억하자.

진화와 연결이 만들어내는
다양성의 폭발

당신은 세상의 변화를 통찰하는 주제의 퍼펙트스톰 초청 세미나에 참석했다. 삼삼오오 초대받은 사람들이 모여들었고 23명 정도가 자리에 앉아 있었다. 행사가 시작되려면 아직 20여 분이 남았고 참석자들은 스마트폰을 만지작거리고 있다. 이때 오프닝을 준비하던 진행자가 강연장의 시작 분위기를 유쾌하게 만들어야겠다는 생각에 참석자들에게 질문을 던진다.

"행사 시작 전에 제가 재미있는 질문을 하나 드릴까 합니다. 지금 여기에 스물세 분이 앉아계시네요. 자 질문 들어갑니다! 여러분 중 생일이 같은 사람이 있을까요? 없을까요? 생일이 같은 분께는 제가 선물을 드리겠습니다!"

생각지도 못한 질문에 장내가 웅성거리기 시작했다. 나랑 생일이 같은 사람이 있을까? 잠깐 생각해 보더니 고개를 설레설레 젓는 사람이

많다. 사회자가 다시 말한다.

"같은 생일이 있다! 없다! 물어보기도 좀 그렇고 확신이 없으신 것 같네요. 그럼 대답하기 좋도록 질문을 좀 바꿔 볼게요. 손을 높이 들어 보세요, 이 중에서 생일이 같은 사람이 있을 확률이 높을 것 같다고 생각하시면 엄지를 높이 치켜드시고요, 생일이 같은 사람이 있을 확률이 낮을 것 같다고 생각하시면 엄지를 아래 방향으로 내려주세요. 자, 준비되셨죠? 그럼 들어볼까요?"

당신이라면 이 질문에 어떻게 대답할까? 현장에 있는 사람들은 대다수가 엄지손가락을 아래로 내렸다.

"대부분 확률이 낮다고 생각하시네요. 여기 앞에 있는 분, 잠깐 이유를 설명해 주시겠어요? 왜 같은 생일이 있을 확률이 낮다고 생각하셨나요?"

한 참석자가 잠깐 우물쭈물하더니 대답을 한다.

"1년이 365일이고, 이 방안에 있는 사람은 23명. 그러니 같은 생일을 가질 확률은 365분의 23쯤? 그러면 10%도 안 될 것 같아요."

당신도 비슷한 생각을 했을 것이다. 실제로 내가 사람들에게 이 질문을 해봤는데 대부분 '없을 것 같다'고 대답한다. 정답도 그럴까? 눈치가 빠른 사람은 이미 눈치 챘을 것이다. 확률이 여러분의 직관처럼 낮았다면 이 질문은 하지도 않았을 것이다. 질문의 대답은 사실 '있을 가능성이 높다'이다. 그것도 50%가 넘는 높은 확률로. 어째서 이런 답이 나오는 것일까? 우리의 직관과는 답이 너무 다르지 않은가. 비밀은 간단하다.

대부분의 사람들이 나와 다른 사람과의 관계만 생각한다. '나'를 사람들의 가운데에 두려고 하는 것이다. 23명이 있는데, 365분의 23 정도의 확률을 떠올리는 것은 나와 나머지만 비교했기 때문이다. 다시 찬찬히 살펴보겠다.

1. 두 사람일 때

두 사람의 생일이 같은 확률은 365분의 1이다. 한 번만 비교하면 된다. 같거나 다르거나.

2. 세 사람일 때

세 사람 사이에는 몇 번을 비교해야 할까. 나와 나머지 두 사람을 각각 한 번씩 비교하는 것으로 끝나는 게 아니라, 나머지 사람들 간에도 같은지를 한 번 더 확인해야 한다. 즉, 세 사람 사이는 두 번이 아니라 세 번을 비교해야 한다.

3. 네 사람일 때

네 명이면 보다 복잡하다. 일단 나와 다른 세 사람이 같은가를 비교해야 하지만, 나머지 세 사람 간의 관계도 2번 방식으로 다시 비교해야 한다. 즉, 나와 나머지 세 사람이 같은지 세 번, 옆에 있는 사람과 나머지의 관계를 두 번, 그리고 또 나머지와의 관계를 한 번. 이렇게 해서 모두 여섯 번의 비교를 하게 된다. 이처럼 방안에 네 명이 있으면 네 번의 비교가 아니라 여섯 번의 비교를 해야 한다.

다섯 명일 때는 10번, 여섯 명일 때는 15번이다. 그럼 열 명이면? 45번이다. 더 진행하면 여러분이 이 책을 덮을까봐 정답을 미리 밝히겠다. 비교의 횟수는 기하급수의 형태를 띤다. 따라서 방 안에 23명이 있다면, 비교의 수는 '23 × (23 ÷ 2) = 253번'이다. 이처럼 방안에 사람들이 조금만 많아도 같은 생일이 있는지 확인해야 할 경우의 수는 순식간에 늘어난다. 여기서 발견하는 흥미로운 사실은 그래프상으로 23명이 넘으면 같은 생일이 있을 확률은 50%가 넘는다는 점이다. 57명이 넘으면 확률은 99%에 육박한다. 우리의 직관과 달리 방안에 조금만 사람들이 많아도 비교 경우의 수가 늘어나 같은 생일이 있을 확률이 높은 현상을 생일 패러독스(Birthday Paradox)라고 부른다. 여러분도 한번 실험해 보면 실제로 이 현상을 관찰할 수 있을 것이다.

생일 패러독스는 두 가지 관점에서 바라볼 수가 있다. 어떤 네트워크에 참여하는 개체가 조금만 많아져도 그것이 서로 연결되는 경우의 수는 기하급수적으로 커진다. 다시 말하면 그것의 복잡성 역시 마찬가지로 커진다는 점이다. 복잡성이 커지면 동시에 다양성도 커지기 때문에 생각하지 못한 다양한 변수들이 생겨나고 안정된 에너지보다는 통제되지 않은 불안한 형태의 지점들이 곳곳에서 터져 나올 가능성도 그만큼 높아진다. 즉, 연결되면 생각하지 못한 다양한 가능성 역시 발생한다는 의미이기도 하다.

미국 예일대학의 사회학 교수 찰스 페로우는 "고도로 복잡하고 긴밀하게 연결된 시스템 속에서 사고가 일상적으로 일어나며 이를 피할 수 있는 방법은 없다. 안전장치를 더 많이 만들수록 끔찍한 사고가 발생할 확률이 더 커진다. 시스템이 과도하게 복잡하지 않은 경우에는 일회성 고장이나 갑작스러운 사고가 발생하지 않도록 조치를 취할 수 있다. 하지만 시스템이 고도로 상호 연결된 상태가 되면 복합적인 고장이 일어났을 때 사고나 몇몇 경우에는 재앙을 피할 수 없다"라고 주장했다.

프린스턴대학의 이론물리학 교수 유진 위그너(Eugene Wigner)도 페로우의 논문에서 시스템의 규모가 확대되고 상호연결성이 강화될수록 불안정 상태가 발생할 확률이 커진다는 것을 수학적으로 증명했다. 따라서 네트워크에 참여하는 개체수가 많아질수록 그것이 연결되는 경우의 수 또한 기하급수적으로 커지기 때문에 그 네트워크가 속한 시스템 역시 불안정해질 가능성도 그만큼 높다고 볼 수 있다.

진화는 다양성의 증가이다

이처럼 연결은 분명 복잡성을 증폭시키고 예측하지 못한 문제를 일으킬 가능성 또한 기하급수적으로 커지게 만드는 요인이다. 하지만 연결은 복잡성을 증가시키는 동시에 다양성을 증가시키기도 한다.

진화생물학자 스티븐 제이 굴드는 진화란 진보가 아니라 다양성의 증가라고 말했다. 불과 수십 년 동안 일어난 복잡성의 증가를 진화와 연관 짓는 것은 분명 논리적 비약이지만 그 사상만큼은 충분히 차용할 유사성이 있다. 그는 진화란 수직으로 상승하는 것이 아니라 갈라지는 과정이며 생명은 고등한 쪽으로 발전하는 현상이 아니라, 전체 시스템 (Full house) 안에서 다양성이 증가하는 것일 뿐이라고 주장했다. 동시에 진화는 언제 어디에서 일어날지 알 수 없으며 일방향적인 것도 아니라고 말했다. 처음엔 일부의 개체와 요인들이 세계를 지배하는 것으로 보이지만, 시간이 지날수록 다양한 환경 변화의 지점에서 살아남은 종들이 증가했다. 즉, 더 강한 종이 살아남았다거나 인간처럼 더 뛰어난 지능으로 환경에 잘 적응하는 고등생명체가 살아남았다는 단순한 논리가 아니라 저마다의 환경에 적응한 다양한 생명체들이 탄생했다는 의미이다. 스티븐 제이 굴드가 방점을 찍은 부분은 다음에 무엇이 나타날지가 아니라 그런 진화를 이끌어내는 환경 그 자체였다. 즉, 환경이 변화를 촉발하고 다양성을 이끌어낸다는 것이다.

흥미롭게도 지금 우리가 살아가는 이 시기가 그야말로 변화를 촉발하는 환경이라는 점이다. 경제성장 이론에서도 혁신의 지표로 다양성의 증가를 사용한다. 한국개발연구원이 한국의 수출품 또는 수입품을 대상으로 1990년부터 2012년까지의 다양성 증가를 조사한 결과 교역재와 비교역재 모두 연평균 4% 이상 지속적으로 증가했고, 그것은 후기로 갈수록 7%대까지 올라가며 더 가파른 증가세를 보인 것으로 밝혀졌다. 즉, 시간이 지날수록 사람들이 거래하고 교역하는 제품과 서비스 종류의 다양성이 증가세를 타고 있음이 분명하게 관찰되고 있는 것이다.

과거에는 전통을 수호하는 것이 최고의 가치였다. 하지만 어느 시점부터 우리는 눈을 뜨면 어제와 달라진 시대를 살아가고 있다. 변하지 않는 유일한 진실은 변하지 않는 것은 없다는 말이 있을 만큼 변화 그 자체가 시대의 상징이 되었다. 오히려 변화를 거부하거나 변하지 않는 것들을 고수하려고 할 때 부정적인 시선을 받는 경우도 많아졌다. 부정할 수 없는 것은 변화에 대한 압력이 그 어느 때보다도 높다는 것이다. 즉, 변화를 촉발하는 환경의 에너지 자체가 높아졌다는 말이다. 그 에너지의 실체는 무엇일까?

나는 그것을 연결성으로 규정한다. 즉, 진화를 일으키는 환경 요인으로 연결성의 증가를 주목한다. 도로가 연결되고 기찻길이 연결되고 전화선이 연결되고 유선인터넷이 연결되고 무선인터넷이 연결되고 이제는 사물인터넷에 이르게 되었다. 그리고 이 모든 것들이 공공재가 되어 과거에 정보, 상품 자체가 중요했던 지점에서 대화, 관심, 공동체가 더 중요한 형태로 고도화되고 있다. 연결은 다양성을 증가시키고 새로운 진화를 만들어내는 요인이다.

변화의 특이점을 만나다

연결은 이전에는 생각하지 못했던 새로운 가능성을 높이는 요인이 되기도 한다. 개체의 수가 조금만 많아져도 생일이 같은 사람을 찾는 일이 쉬워지는 것처럼 개체의 수가 조금만 많아져도 개체가 지닌 저마다의 개별 속성 가운데 공통점이 발견될 가능성이 높아진다는 의미이다. 사람으로 치면 공통의 관심사나 업무의 상관관계, 만날 가능성 역시 높아진다. 다시 말해 복잡성도 커지지만 동질성도 커진다는 것이다. 즉, 많아지면 만나게 된다. 우리가 생각하지 못한 다양한 가능성의 세렌디피티(Serendipity)가 탄생하기 때문이다.

운동장에 100명이 모였다고 가정해 보자. 앞뒤 옆으로 내가 모르는 사람들이 있다. 그러면 당신은 예비군 훈련장에 나간 것처럼 우두커니 가만히 서 있을 것이다. 스마트폰마저 못 만지게 한다면 한 시간이 그야말로 하루 같은 괴로움을 맛볼 것이다. 그렇지만 앞뒤 옆으로 내가 아는 사람이라면 당신은 그들과 대화를 나눌 것이다. 별것 아닌 일에도 흥미를 보이며 상대의 이야기를 경청하며 즐겁고 편안한 마음으로 대화를 이어나갈 것이다. 왜 운동장에 모인 거지 하는 불편한 감정은 잊고 끝나고 다시 모여서 얘기 좀 하자고 할지도 모른다. 저 멀리 누가 있든 간에 주변에 친한 사람이 있으면 당신은 다른 상태가 되는 것이다. 인접한 관심이 서로 닿기만 해도 100명이 모두 모르는 사람일 때에 비해 다른 차원의 에너지가 만들어진다. 그래서 연결은 변화를 가속화한다. 그것도 기하급수적으로.

1992년 12월 최초의 문자 메시지가 전송되었다. 2008년에는 인류가 매일 주고받는 문자 메시지가 지구 전체 인구수보다 많아졌다. 하지만 2016년에는 개별 메신저가 주고받는 메시지의 수가 폭발적으로 늘어나 카카오톡은 하루에 42억 번, 라인은 196억 번, 중국의 위챗은 무려 350억 번을 주고받는다.

사람들은 도대체 어떤 이야기들을 주고받는 것일까? 어떤 산업의 성장과 변화를 측정할 때 우리는 이용자 5,000만 명이라는 기준을 적용하곤 했다. 라디오 이용자가 5,000만 명을 돌파하는 데는 38년이 걸렸다. 하지만 TV는 13년이 걸렸다. 인터넷은 불과 4년, 점대 면의 집단 소통 혁명이라고 불린 트위터는 불과 2년이 걸렸다. 세계 커뮤니케이션의 절대 강자 페이스북은 얼마나 걸렸을까? 페이스북은 불과 9개월 만에 5,000만 명이 아니라 1억 명을 돌파했다. 그리고 닌텐도에서 개발한 증강현실 모바일게임 포켓몬고는 불과 하루 만에 1억 명을 돌파했다.

1984년 인터넷이 가능한 기기의 수는 1,000개였다. 1992년에는

100만 개, 2008년에는 10억 개, 2016년에는 100억 개를 넘어섰다. 세상의 모든 사물들이 인터넷으로 연결된다는 사물인터넷의 시대는 아직 오지도 않은 상태에서 말이다. 한 해 동안 이 세상에는 무려 40엑사바이트만큼의 완전히 새로운 정보가 생산된다. 이는 18세기의 사람들이 평생 접할 수 있는 정보보다 훨씬 많은 양이다. 불과 1년 이내에 지난 5,000년간 인류가 살아오며 축적했던 모든 정보들을 합친 것보다 더 많은 정보들이 기하급수적으로 축적되고 있다.

새로운 기술에 관한 정보도 마찬가지다. 신기술 정보의 양은 2년마다 두 배씩 늘어났다. 하지만 2010년경부터는 불과 72시간 만에 두 배가 되었다. 2007년에 구글 검색엔진은 매달 27억 번의 검색을 수행했다. 2008년에는 310억 번을, 하지만 2016년에는 1,600억 번을 넘어 1년간 2조 번이 검색된다. 이 문장을 읽고 있는 1초의 순간에도, 지구인들은 유튜브에서 110만 개의 동영상을 시청하고, 구글에서 1억 개의 검색을 하고, 페이스북에서 200만 개의 글을 공유하고 있다. 또한 매일 50만 개의 새로운 블로그를 통해 1억 개의 글을 업데이트하고 있으며 이러한 글을 가리키는 1억 5,000만 개의 링크를 공유하고 있다.

세계 인구는 71억 명. 이 중에서 중국의 인구는 13억 명으로 지구 인구의 20%에 달한다. 인도는 12억 명으로 17%에 달한다. 중국 인구의 4%는 최고 수준의 IQ 보유자이며, 그 숫자는 대한민국의 인구보다 많다. 인도의 상위 7%만 따져도 대한민국 인구의 두 배에 가까운 수치다. 중국의 문해율, 즉 한자를 읽고 이해하며 활용할 수 있는 인구 비율은 1950년대에만 해도 겨우 20% 정도였다. 하지만 2014년 현재 15세 이상

기준으로 그 수치는 무려 96.4%에 이른다. 미래 사회에 직접적으로 영향을 끼칠 15~24세의 젊은 세대를 기준으로 보면 98.9%이다. 그리고 중국은 곧 세계에서 영어 사용자가 가장 많은 나라가 될 것이다. 중국의 영어 학습자는 3억 명으로 인구의 25% 수준이다. 만약 오늘날 미국에 있는 모든 일자리를 중국으로 보낸다고 해도 중국은 여전히 잉여 노동력이 존재한다. 중국 성인의 학위 취득률은 9%로 무려 1억 명에 달하며 이는 한국과 미국을 압도하는 수준이다.

1999년 미국 노동청은 사람들이 10개에서 14개의 직업을 가질 것이라고 전망했다. 그것도 평생이 아니라 38세까지. 또한 노동자 네 명 중 한 명은 현재 고용된 회사에 재직한 지 겨우 1년도 채 되지 않았으며, 두 명 중 한 명이 불과 5년 미만 재직했다고 한다. 평생직장의 개념이 사라진 지 오래임을 보여주는 지표이다.

전 미국 교육부 장관 리처드 릴리는 "2010년에 요구되는 상위 10개의 직업은 놀랍게도 2004년에는 존재하지도 않았던 것"이라고 말했다. 현재 우리는 존재하지도 않는 직업을 가질 학생들을 키워내고 있는 것이다. 그럼에도 각종 신상정보 기재를 요구하는 공문서에서 체크해야 하는 직종 분류는 50년 전의 그것과 별반 다르지 않다. 농축수산업, 회사원, 공무원, 교직원, 법조인, 언론인, 자영업, 학생 그리고 주부. 그 외의 모든 것들은 기타의 분류를 선택해야 한다. 우리는 19세기의 지식으로 20세기의 사람들이 21세기의 아이들을 가르치고 있는 것이다. 아직 발명되지도 않은 기술들을 사용하면서 우리가 문제인지도 몰랐던 문제들을 풀기 위해서 말이다.

연결되면 달라진다. 유선 인터넷이 공공재화된 이후 일개 검색엔진에 불과했던 IT서비스 기업이 대기업으로 분류되고 세계 경제의 중심으로 우뚝 서기에 이르렀다. 사람들은 가정, 사무실, PC방 등 컴퓨터가 설치된 공간에서 세상을 검색했고 포털로 모여들었으며 이곳에서 자신의 경험을 공유하고 참여했다. 인터넷 쇼핑몰의 창발은 이른바 물류 혁명의 도화선이 되었다. 그로부터 10년이 지났고 이제 무선인터넷이 공공재화되고 있다. 이 시점에 새로운 비즈니스와 유통 질서가 꿈틀거리고 있는 것이다. 사람들의 연결에 대한 욕구가 이제 컴퓨터가 설치된 곳뿐만 아니라 내가 서 있는 곳, 나의 관심이 닿는 곳이면 어디로든 확장된다. 이것은 전혀 다른 에너지를 촉발시키고 새로운 경제를 견인한다. 세상은 그렇게 변해가고 있다.

제3장

많아지면
달라진다

고도화의 비밀,
스케일 프리 네트워크

연결이 많아지면 복잡해지지만 동시에 관심사가 닿을 가능성이 높아진다. 또한 관심사의 연결은 뜻하지 않은 발견의 세렌디피티를 탄생시킨다. 네트워크에 참여하는 개체가 많으면 복잡성이 증가하겠지만 동질성을 가진 것들 간의 만남 또한 증가하여, 동질성을 기반으로 한 새로운 형태의 연결이 탄생한다는 뜻이다.

과거에 이런 연결은 동네나 학교, 직장과 같은 물리적인 네트워크로 이어진 지인과의 사이에서 가능한 것이었다. 하지만 미디어가 발달하고 인터넷으로 서로 연결되면서 이제는 물리적인 인맥을 넘어서서 원거리에 있는 익명의 사람과도 당신의 관심사를 함께 나눌 수 있게 되었다. 대신 운동장에 수백 명의 동호인이 모인 것처럼 너무 많은 이야기들이 한꺼번에 흘러나오니 체계적이고 효과적으로 소통할 수 있는 방법을 고안할 필요가 있다. 다시 말해 연결이 많아지면 더 많은 대화를 나누게 될 수 있으므로 그 대화들을 좀 더 고도화하고 키워갈 수 있는 형태로 발전시켜야 한다. 창업을 꿈꾸는 이들이 모였다면, 그들이 모여서 저는 '창업을 하고 싶어요'라는 바람을 이야기할 필요가 없는 것이다. 창업에 대한 희망은 이미 공유된 상태이므로 자신의 생각을 공유하고 함께할 만한 동지나 투자가를 찾으면 된다.

연결이 많아지면 다음 단계로의 진화가 일어난다. 수를 셀 때 일십백천만십만백만으로 다른 단위를 갖다대듯, 밀리미터 센티미터 미터 킬로미터와 같이 길이가 길어지면 단위를 바꾸는 것과 같은 원리다. 많아지면 복잡해지는 것 같아도 사실은 더 고차원적인 새로운 단계가 열리는 것이다.

그 비밀은 측정조차 할 수 없을 정도로 무한대로 확장할 수 있는 스케일 프리 네트워크(Scale Free Network)라는 구조화 방법에 있다. 쉽게 말하면 복잡해지면 그저 복잡해지는 것이 아니라 더 개념적이고 추상화된 형태의 다음 단계를 중심으로 연결이 구성된다는 것이다.

인간의 두뇌는 1,000억 개의 신경세포와 연결된 수백조 개의 시냅스의 집합체이며, 시냅스의 수는 은하계에 있는 별들보다 훨씬 많다. 뇌는 우리의 상상을 초월할 정도로 그야말로 복잡한 연결 체계다. 두뇌가 이렇게 복잡한데도 인간이 생각하고 행동하는 데에는 아무런 장애가 일어나지 않는다. 오히려 인간이 더 많이 경험하고 더 많이 생각할수록 두뇌는 보다 고도화된 개념을 창조하고 그것을 삶에 녹여낼 정도로 경이로운 기관이다. 하지만 인간의 DNA는 이런 복잡한 연결에 관한 세세한 정보를 가지고 있을 만큼 방대하지 않다. 그렇다면 어떻게 그것을 가능하게 하는 것일까?

처음 난자가 수정되고 뇌세포가 본격적으로 분열되기 시작하는 과정을 관찰하다 보면 그야말로 놀라운 연결의 비밀을 만나게 된다.

- 각각의 세포는 서로를 연결한다. 시냅스를 통해 뇌세포는 서로 통신한다.
- 두 개 이상의 세포가 연결되면 이것은 하나의 네트워크를 구성하고, 그 중의 하나는 다른 세포와 연결되는 허브가 된다.
- 새롭게 형성된 세포는 허브가 된 세포와 연결하고자 한다.
- 이러한 연결은 수정이 일어나고 있는 다른 공간에서도 마찬가지로 벌어진다. 허브 네트워크가 서로 인접한 거리에 있으면 이들은 다시 연결하려고 한다. 필요하면 자신이 이미 체결하고 있는 연결을 새로운 연결로 대체한다. 이때부터의 연결은 개별 세포 단위가 아닌 그룹 형태로 체결되고 허브를 중심으로 하는 통신이 일어난다.
- 세포의 수는 훨씬 늘어나서 그저 복잡하게 연결된 것처럼 보이지만, 실제로는 허브를 중심으로 하는 통신이 일어나고 보다 개념화된 형태의 정보를 생성한다. 연결은 계속해서 구조적으로 일어난다. 허브 네트워크 가운데에도 또다시 허브가 존재하는 형태다. 자동차를 예로 들면, 액셀을 밟으면 액셀에 연결된 개별 부품들이 동력을 전달하기 위한 구체적인 동작을 일으키는 형태와 유사하다.

다시 말해 허브 네트워크끼리 만나면 그들 역시 연결하고 이들 간의 신경정보 교환은 허브를 중심으로 일어나 나머지 연결은 부차적인 전달 역할을 한다. 이런 식으로 허브가 형성되고 허브끼리, 허브의 허브에서 다시 허브의 중심으로 하나의 노드에서 시작된 연결은 이와 같이 허브를 통해서 계속해서 추상화 단계를 밟는다. 이렇게 되면 아무리 많은 연결이 일어나도 결국은 상위의 허브 네트워크에 의해서 걸러지는 형태로 복잡성이 억제된다.

흥미로운 점은 이렇게 체결되어 있는 연결의 경우에도 근처에 더 강하고 큰 연결 에너지를 가진 허브 네트워크를 발견하면 그것을 다시 연결해서 더 큰 고도화된 연결 체계를 형성한다는 것이다. 반면에 중심이 아닌 변방의 것들은 사라지지는 않지만 허브의 중심에서 멀어지기 때문에 필요한 경우가 아니면 발견되지 않고 떠올리기 어려운 장기 기억의 형태로만 존재하여 특별한 노력을 기울여야만 다시금 허브의 중심에 연결된다.

곤충의 행동을 들여다보면 이 개념을 좀더 쉽게 이해할 수 있을 것이다. 곤충은 지적 수준이 낮고 혼자서는 생존할 수 있는 능력이 미약하다. 하지만 이들이 모인 집단의 행동은 단순함을 넘어 지극히 고차원적인 지능을 가진 개체군처럼 보인다.

개미를 예로 들어 보자. 개미들은 먹이나 개체수가 포화 상태에 이르면 새로운 집을 찾아 이주한다. 그러나 어디로 가야할지 언제 가야할지는 아무도 모른다. 여왕개미라 하더라도 이런 의사소통을 할 정도의 지능은 없다. 그렇다면 어떻게 이주하는 것일까?

개미들은 음식을 나르고 있는 순간을 제외하면 늘 주변 상황을 정찰한다. 먹이가 있는지를 살피는 것이다. 한 개미가 정찰을 통해 음식이 풍부하고, 머무르기에 편안한 곳을 발견한 후 거주지로 돌아온다. 그 개미가 하는 일은 지극히 단순하다. 다른 개미를 그곳으로 데리고 가는 것이다. 만약 함께 간 개미도 그곳이 괜찮다고 느낀다면 돌아와 또 다른 개미를 데리고 간다. 처음의 개미도 그 행동을 반복한다. 즉, 처음에는 한 마리가 돌아와서 또 다른 한 마리를 데려가 두 마리가 동참하지만, 다음에는 네 마리, 다음에는 여덟 마리로 기하급수로 늘어나는 것이다.

이렇게 새 집에 모여든 개미들의 수가 일정 수를 넘어서면 자연스럽게 새로운 거주지에 정착하게 되고 몇 시간 만에 집단 전체의 이동이 완료된다. 전체 구성원을 모아놓고 명령하거나 의기투합해서 거주지를 이동하는 게 아니라 자신의 인접한 개체를 설득해서 하나씩 하나씩 참여시킴으로써 번져나가는 현상이다. 개미들이 많이 모여드는 곳이 자연스럽게 그들의 새로운 보금자리로서의 허브가 되는 것이다.

이렇게 개미들은 중앙집권적인 명령체계 없이도 자율적이며 산발적인 행동 사이에 허브를 만드는 보다 고차원적인 형태의 집단행동을 만들어낸다. 일련의 개체들이 서로 응집되는 것은 얼핏 복잡성을 증가시키는 것 같지만 사실은 지극히 간단한 방식에 의해서 일어난다. 이것이 연결이 많이 일어나도 정작 복잡성이 커지지 않는 이유이다. 오히려 중앙에서 어떤 똑똑한 개체가 늘어나는 복잡성을 단일한 형태로 통제하려고 한다면 그 조직은 복잡성에 압도되어 다양성을 감당하지 못할 것이다.

조금만 커지면 분화하여 새로운 허브 네트워크를 만들어야 한다. 영어로 조직을 'Organization'이라고 부르는 것도 조직이란 연결의 역할을 기관(Organ)화해가는 과정이기 때문이다. 기관화가 정체되는 순간 조직은 경직되고 퇴보한다. 네트워크가 이런 형태로 계속해서 연결되면 외관상 복잡성은 기하급수적으로 커지는 것 같지만 계속해서 구조화되고 개념화된다. 이것이 스케일 프리 네트워크이다. 아기가 처음에는 미숙하고 주변 사물을 제대로 인지하지 못해도 시간이 갈수록 말을 배우고 언어로 사고하고, 옳고 그름과 가치를 배워가는 단계로 진화하는 것과 유사하다. 자동차는 수많은 부품으로 구성되어 있지만 사람은 액셀과 브레이크, 기어 정도만 신경 쓰면 되는 것도 같은 이치다.

스케일 프리 네트워크는 하나의 개체에 한정되지 않는다. 개미나 꿀벌 같은 저지능 곤충들 역시 개별적으로는 기본적인 생존활동밖에 하지 않는 것 같지만 그들의 집단지성은 집을 짓고 이주하고 사회를 형성하면서 규범에 따라 행동하는 고차원적인 수준으로 나타난다. 곤충들의 연결성의 형태는 스케일 프리 네트워크를 그대로 재현하고 있다.

인간 역시 마찬가지다. 인간이 과거부터 미래를 관통하는 한 가지 흐름은 연결성의 강화였다. 소통과 발견의 비용이 계속해서 낮아지면서 인간은 처음 부족을 중심으로 하는 세대 간의 연결에 그쳤지만, 이내 마을과 마을을 연결하고, 도시와 도시를 연결하고, 국가와 국가를 연결하면서 마침내 세계가 연결되는 형태를 만들어냈다.

점차적으로 교통과 같은 각종 연결 수단들이 탄생하며 더 많은 사람들이 쉽게 연결되기 시작하자 새로운 허브 네트워크가 중심이 되었다. 그래서 도시화, 세계화 같은 피할 수 없는 변화가 나타난 것이다. 연결성이 강화될수록 인간은 생존의 일상적 도전을 넘어서서 산업을 탄생시키고 우주로 나아가기에 이르렀고 규범에 따라 행동하면서 보이는 것에서 보이지 않는 것으로 도약하기에 이른다.

인간이 만들어낸 인터넷 역시 뇌의 스케일 프리 네트워크를 그대로 따른다. 인터넷은 무작위적으로 연결된 것처럼 보이지만 두뇌의 연결체계와 구조가 유사하다. 수많은 노드들 속에서도 허브가 되는 네트워크가 존재하며 이는 참조의 대상이 된다. 더 많은 연결을 형성할수록 더 많은 참조를 끌어당기는 효과를 만들며 사람들은 이런 허브에 의존하는 경향이 생긴다.

구글 검색엔진은 페이지랭크라는 검색 알고리즘을 가지고 있는데 이것은 스케일 프리 네트워크를 그대로 구현한 것이다. 많아지면 달라진다. 정보를 연결하는 기본적인 수준의 네트워크는 이내 정보혁명을 불러일으킬 만큼 방대한 정보의 연결을 만들어냈고 각종 포털을 비롯한 허브 네트워크들에 의해 지식정보사회로 견인했다. 그리고 마침내 정보의 연결을 넘어 사람과 사람을 연결하는 SNS 네트워크를 만들어냈고, 이제는 사람에 의한 허브 네트워크가 형성되고 있다. 인터넷은 이제 인간의 외뇌(outer brain)로 작동하고 있다. 세계 산업의 패러다임이 제품에서 서비스로 넘어가는 것은 개체를 넘어선 전 지구적인 방대한 허브 네트워크의 고도화, 연결의 고도화와 맥을 같이 하고 있다.

과거 서로 연결되어 있지 않은 상태에서 개인이나 기업은 그저 물건을 만들어 공급하기만 하면 되었다. 칼을 제련해서 공급하거나 소금을 운반하면 되었다. 하지만 점차적으로 더 많은 사람들이 연결되고 더 많은 사람들이 연결의 중심으로 몰려들면서 경쟁이 심화되기 시작했고, 공급의 효율이 중요해지기 시작하자 식물의 조직처럼 분업의 효율을 극대화하는 조직(organization)으로 발전했다.

지구촌의 모든 사람들이 서로 연결되고 스스로 연결의 중심이 될 수 있을 정도의 과잉연결 상태에 이르자 새로운 여론과 입소문을 형성하는 고도화된 연결체가 탄생하기에 이르렀다. 기업들은 이제 개개인에게 필요한 '물건'의 공급자가 아닌 이들의 연결 관계를 유지시키고 증진시키는 서비스의 공급자가 되어야 한다. 이제는 가격 대비 효용성이 좋은 제품을 공급하느냐보다 사람들과의 연결 관계 자체가 중요해졌다. 정보를 바탕으로 판단하는 것이 아니라 나의 동질 집단이나 관심 대상이 어떤 선택을 내리느냐가 더 중요한 판단 기준이 되고 있다. 이는 조직도 마찬가지다. 사람들이 안팎으로 자유롭게 연결되면서 조직 내에서도 시간이 지날수록 기존의 소통이 제한된 연결 구조를 다양한 부서와 사업부, 심지어 고객과도 연결되는 형태로 변모하고 있다. 자연스럽게 커뮤니티(community) 기반의 조직 구조로 변한 것이다.

이처럼 세포단위에서부터 지구와 우주의 모든 개체에 이르기까지 모든 것은 스케일 프리 네트워크의 일부이며 개인은 물론 기업들이 이런 연결의 역사를 이해할 때 우리가 앞으로 나아갈 방향에 대해서도 눈을 뜰 수가 있다. 뒤에서 다루겠지만 인공지능과 로봇이 왜 지금 다시 주목을 받느냐도 이와 관련이 있다. 그저 새로운 기술의 등장이 아니라 연결의 진화가 만들어내는 또 다른 단계로의 진입이다.

　　우리가 주목해야 할 것은 이런 변화들이 만들어낼 위기와 파국이 아니라 이런 지점들이 연결되었을 때 탄생할 또 다른 무언가이다. 많아지면 달라진다. 유선인터넷이 탄생할 때만 해도 우리는 그저 통신을 하는 새로운 방법이라고 생각했지만, 무선인터넷이 공공재화된 지금 세계는 이제 사용자들의 경험을 공유하고 그것의 의미를 발견하고 연결하는 새로운 관심연결의 혁명으로 나아가고 있다. 다음은 어디일까? 우리는 어디를 향하고 있는가? 세기의 변화가 일어나고 있는 이때 우리가 정말 던져야 할 질문은 이것이 아닐까?

변화는 시나브로,
사자생과 책 읽는 라디오

때는 1492년의 독일, 슈폰하임 수도원의 원장 요하네스 트리테미우스는 마침내 논문 〈사자생의 찬미(De Laude Scriptorium)〉를 마무리하고 있었다. 사자생은 '손으로 사본을 쓰는 사람'을 뜻한다. 중세시대에 사본(copy document)의 생산은 주로 서사나 성서에 관한 것이었다. 그래서 사본을 쓰는 작업은 성당이나 수도원에서 이루어졌고 신부나 수도사들이 사본의 생산을 담당했다. 사자생은 성직자들이 맡은 성스러운 임무였던 것이다.

당시는 인쇄용 활판인쇄가 탄생한 지 거의 반세기가 지날 무렵으로 르네상스의 문화와 과학 혁명이 본격적으로 펼쳐지던 시점이었다. 요하네스 원장은 무릇 책이라는 것은 사자생들에 의해 한 글자 한 글자 정성스럽게 기록되어야 하거늘, 활판인쇄를 통해 마구 찍어내는 행위는 종이 안에 깃들어야 할 영혼을 쫓아내는 것이라고 강변하며 이런 움직임을 강력하게 저지하고자 노력했다. 그는 〈사자생의 찬미〉라는 논문에서 '필기'의 전통을 열정적으로 옹호했다.

> 독실한 수도승은 글씨를 쓰면서 네 가지 혜택을 얻는다.
>
> 소중한 시간이 유익하게 사용된다는 점,
>
> 글씨를 쓰면서 이해력이 높아진다는 점,
>
> 마음속에 신앙의 불꽃이 환하게 피어오른다는 점,
>
> 그리고 내세에 특별한 보상을 받게 된다는 점이다.

수도원장의 입장에서는 사자생의 직업적 가치를 지키는 일이야말로 자신이 책임지고 있는 분야의 명분과 입지를 만들기에 충분한 일이었다. 하지만 이 정도가 전부였다면 오늘날까지 그의 이름이 기억되지 않았을 것이다. 손글씨를 쓰던 시대에서 대량인쇄 시대로의 대전환에 저항한 수많은 사람 중 하나에 지나지 않았을 테니까.

요하네스 원장은 자신의 논문을 본인은 물론 우리의 기대와는 전혀 반대의 방법으로 출판해 버렸다. 바로 '활판인쇄' 방식으로 출판한 것이다. 이 무슨 황당한 상황이란 말인가. 필기의 가치와 사자생의 가치를 드높이려던 수도원장의 노력은 도리어 사자생을 욕되게 만들어 버렸다. 그는 왜 지금의 우리가 보기에도 이해하기 어려운 행동을 벌인 것일까?

21세기에 재현된 사자생의 찬미

2012년 EBS 라디오는 의미심장한 소식을 발표한다. 방송을 '책 읽는 라디오'로 전면 개편하여 독서 관련 방송을 하루 11시간 편성한다는 것이다. 드라마, 영화, 예능 분야의 영향력 있는 배우들이 EBS 홍보대사로 출연해 '책 읽는 라디오'가 세계 어디에도 없는 파격적인 시도라며 시대가 빠르게 변화할수록 독서의 중요성이 커지고 있다고 역설했고, EBS는 방송 개편의 중요성을 지지하는 공익캠페인을 지속적으로 광고했다. 캠페인 내용을 요약하자면 다음과 같다.

독서를 하는 사람은 책을 읽으면서 네 가지 혜택을 얻습니다.
상상력이 풍부해지고 창조적인 관점을 가진다는 점,
책 속의 문장을 읽으면서 어휘력이 풍부해진다는 점,
세상을 살아가는 지혜를 얻으며 마음의 불꽃을 피어오르게 한다는 점,
다양한 세계로의 열린 가치관을 가지게 된다는 점입니다.

인터넷이 보급되고 다매체 시대가 되면서 독서 인구가 줄어들고 있는데 이는 매우 비극적이고 슬픈 일이며 우리가 지금부터라도 책을 더 많이 읽어야 한다는 주장이었다. 그리고 공언한 대로 EBS는 성우들이 등장해 좋은 책을 소개하고 그 내용을 맛깔나게 읽어주며 공감하고 생각할 거리들을 나누는 프로그램을 많이 편성했다. 그렇게 독서의 가치를 라디오를 통해서 들려주는 데 심혈을 기울였다.

여기서 잠깐, 바로 이 부분이 흥미로운 지점이다. 500년 전의 요하네스 원장의 논문 내용과 책 읽는 라디오 방송이 내걸었던 기치가 어딘가 많이 닮아 있지 않은가. 이들은 양쪽 다 책이라는 매체의 가치에 대해서 옹호하고 있었고 사람들이 그것의 가치를 충분히 음미하기를 기대했다. 반면 그 책을 새로운 형태의 수단으로 보기를 경계한 것이다. 하지만 정작 그들은 기존의 방법이 아니라 새로운 방법으로 그것을 말하는 아이러니를 저질렀다. 필사본의 중요성을 말하면서 대량인쇄를 선택했고, 독서의 중요성을 말하면서 TV나 라디오 매체를 활용한 것이다.

여러분도 아마 지금 이 글을 읽기 전까지 방송에서 책의 가치에 대해 말하는 것을 들었을 때 이런 괴리감에 대해 생각해 본 적이 없었을 것이다. 이 부분이다. 바로 많아지면 달라진다. 많아지는 것으로 사람들이 모여들고, 어느 순간엔가 우리는 새로움을 새로움으로 인지하지 못한 채 그것을 당연한 것으로 받아들이게 된다. 정보의 생산과 유통은 어느 순간엔가 활판인쇄나 인터넷을 당연한 것으로 인식하게 만든다.

연결의 비밀

그런데 어떻게 이런 일이 생기는 것일까? 많아지면 왜 당연한 것이 되어 버릴까? 왜 똑똑하다고 자부하던 이조차 많아지면 달라지는 지점의 오류를 간과하는 것일까?

'연결'의 비밀을 이해할 필요가 있다. 구체적인 이유를 언급하기 전에 직관적으로 먼저 말하자면 '갈등과 화합'의 상황을 떠올리면 된다. 길거리에 남녀가 서로 비스듬히 마주보고 서 있다. 여자는 팔짱을 낀 채 고개를 아래로 떨어뜨리고 있고 남자는 여자를 계속해서 말없이 쳐다만 보고 있다. 두 사람은 마치 얼음처럼 가만히 서 있다. 우리는 멀리서 이 광경을 잠깐만 봐도 두 사람이 지금 갈등 상태임을 알아볼 것이다. 두 사람에겐 1분 1초가 스트레스 상황이다.

남녀관계에서만이 아니다. 당신이 방에 협상해야 할 상대나 적대 관계에 있는 사람과 함께 있다고 생각해 보자. 그 공간에는 침묵이 감돌 것이고, 당신은 상당히 불편함을 느낄 것이다. 이번에는 한 공간에 친한 동료나 반려자가 있다고 생각해 보자. 별 말을 하지 않아도, 크게 신경이 쓰이지 않을 것이다. 왜냐하면 편안하기 때문이다. 동질 상태에 있기 때문이다. 서로가 이미 많은 것을 공유하고 있기 때문에 잠깐만 말해도 상대방은 내가 무슨 이야기를 하려는지 쉽게 이해할 수 있다.

하지만 상대방과 내가 서로 다른 환경에 있다가 처음 만났다면 남녀가 처음 데이트를 하듯이 서로의 컨센선스가 맞기까지는 많은 시간이 걸린다. 서로 다른 모든 것들이 처음에는 호기심의 대상이며 대화의 대상이다. 시간이 지날수록 이런 지점들을 서로 공유하게 되고 기반 지식으로 간주하며 그 위에 새로운 경험들을 쌓아가는 것이다. 즉, 가까우면 에너지가 들지 않는다. 동질성이 높은 상태에서 두 사람이 기존에 알고 있는 것은 당연한 것이 되고 여기에 새로운 것들이 축적될 뿐이다. 요하네스 원장도 EBS도 마찬가지 상황이었던 것이다.

변화는 새롭게 등장하는 어떤 것이 기존의 것을 물리치는 형태가 아니다. 대신 그것이 사람들의 삶에 채택되면서 그 수가 일정 임계점을 넘어서면 어느 순간 대세로 받아들여지고 빠른 속도로 사람들이 그 흐름에 참여하는 것이다. 즉, 시나브로 바뀌어 간다. 그것은 누군가 중앙에서 통제하는 것이 아니라 변화하는 장에 참여하는 이들의 자연스러운 행동으로 촉발되는 무브먼트에 가까운 것이다. 종이든 디지털이든 그 매체가 담고자 하는 콘텐츠를 소비하는 방식은 변화가 생기면 처음에는 부정적인 것으로 인식되는 경향이 있다. 하지만 점점 그 수가 많아지면 어느 순간엔가 나도 모르는 사이에 완전히 바뀌게 된다.

활판인쇄를 통해 새겨진 종이책의 글자를 읽는 것과 모니터나 스크린을 통해서 글자를 읽는 것은 다를까? 눈으로 읽는 것과 귀로 듣는 것은 다를까? 분명히 같지는 않다. 하지만 어떤 것이 더 자연스럽고 효과적인 것인지에 대한 판단은 시간이 지날수록 바뀌게 된다.

종이책의 가치를 주장하는 사람들은 자신이 읽고 있는 내용을 충분히 음미할 수 있는 상상의 공간을 제공하고, 쉽게 북마킹하여 언제든지 다시금 들여다보면서 지식을 확장하는 훌륭한 도구라고 말한다. 반면에 디지털을 통해서 접근하는 사람들은 내용 검색이 가능하며 나에게 인상적인 것들은 즉시 온라인으로 북마킹할 뿐만 아니라 언제 어디서나 검색해서 다시 찾아볼 수 있다고 주장한다. 책은 자신의 수중에 있지 않는 이상 들여다볼 수 없고, 북마킹한 것 역시 어느 부분에 어떤 내용이 있었는지 파악하기 어려우며, 정작 필요할 때 바로 찾아보기가 곤란하다는 점을 지적한다. 무엇보다 자신이 주목하고 새기고자 하는 내용을 사람들과 공유하기가 대단히 불편하다는 것이다.

우리가 일상적으로 사용하고 있는 SNS 역시 URL이라는 링크들을 주고받으며 사람들에게 자신이 본 것을 전달하고 감정을 공유하는 획기적인 도구가 아니던가. 우리는 SNS 안에 산다고 해도 과언이 아닐 정도다. 이제 '읽는다'는 방식은 나만의 공간에서 나만을 위한 물리적인 수단에 의해서가 아니라, 디지털이라는 수단으로 시공간을 넘어, 기록과 검색과 공유의 수단으로 변신했다. 인간이 의식을 확장하고 연결하는 매개체는 이제 물리적인 단위의 '책'에서 '콘텐츠'라는 무형의 존재로 말이다. 즉, 책은 향유의 대상에서 공유의 대상으로 변모한 것이다. 많아지면 달라진다. 많아지면 그것을 사용하고 활용하고 향유하는 방법 자체가 달라진다.

기존의 질서에서 비즈니스를 구축하고 있는 기업이나 이해관계자의 입장에서 이러한 변화는 위기로 치부된다. 당장 도서 시장에 위축을 가져왔다. 출판업계에서는 독서 인구 감소는 사회 지적 능력의 퇴보이자 국가적인 위기라고 주장한다. 반면에 책이 아니라 콘텐츠라는 관점으로 들여다보면 이야기는 완전히 달라진다.

사람들은 사실 엄청난 양의 콘텐츠를 소비하고 있다. 아침에 일어나서 다시 잠이 들 때까지 인류는 그 어느 때보다도 많은 매체를 소비한다. 당신이 누군가와 대화하거나 특정 업무를 하는 순간이 아니라면 당신이 하는 일의 대부분은 스마트폰을 통해서 무언가를 보는 일일 것이다. 우리는 끊임없이 뭔가를 보고 있다. 도서를 구입해서 책을 읽는 대신 인터넷으로 계속 유입되는 콘텐츠를 소비하고 있다. 유입되는 사람들이 존재하는 공간에서의 새로운 비즈니스는 이전에 없던 가능성을 맞게 된 것이다.

우리는 이제 텍스트에 그치지 않고 보다 풍부한 콘텍스트를 담고 있는 이미지와 동영상 콘텐츠를 소비하고 있다. 마치 라디오를 통해서 책을 읽는 것이 자연스러워졌듯, 콘텐츠는 이미지나 동영상을 기본으로 하는 다양한 포맷으로 전개되고 있다. 사람들은 종이책을 읽지 않는 것이지, 사실은 더 많은 콘텐츠를 읽고 접하고 있다. 단지 기존의 집계 방식에, 기존의 산업에서 빠져나간 것이다. 책의 예에서처럼 많아지면 우리가 다루는 본질 역시 다른 차원으로 고도화되는 것이다.

연결과 공유가 만들어내는
새로운 부의 패러다임

아시아에서 제일 큰 식당은 중국의 서호루다. 이 식당은 상암 월드컵 경기장의 3배 크기에 직원수만 무려 600명이고, 한 번에 5,000명이 이용할 수 있다. 기네스북 상으로 세계에서 제일 큰 식당은 중동 시리아에 있는 바와벳 다마스커스다. 이 식당은 좌석수만 6,000석이 넘을 만큼 엄청난 규모이다.

하지만 그 기록은 또 다시 깨져버리고 만다. 이 식당은 하루 이용 고객의 수만 20만 명이 넘고, 한달에만 750만 명이 넘는 상상초월의 규모로 세계 최고 두 식당을 순식간에 초라하게 만들어 버린다. 여기는 어디일까? 바로 '배달의 민족'이다. 그런데 우리를 놀라게 하는 장면은 따로 있다. 그것은 정작 배달의 민족이 직접 운영하는 식당은 단 한 개도 없다는 점이다. 식당인데 식당이 없다. 그런데도 가늠하기 어려운 규모의 식당이 되어 버렸다.

다른 지점에서도 이변이 생겼다. 세계에서 가장 큰 쇼핑몰은 예전에는 월마트였겠지만 앞의 사례를 생각하면 그럴리가 없음을 알 것이다. 정답은 바로 알리바바다. 세상에서 가장 큰 소매상. 기업가치만 무려 170조 원이 넘는다. 그런데 신기하게도 재고는 단 한 개도 없다. 우리나라에서 가장 큰 마트는 어디일까? 이마트? 아니다. 바로 쿠팡이다. 그런데 쿠팡은 단 한 개의 오프라인 입점 매장도 가지고 있지 않다.

질문을 더 확장해 보자. 세상에서 가장 큰 택시회사는 어디일까? 이제 질문의 의도를 금방 이해할 것이다. 글로벌의 경우 바로 우버가 그 대답이다. 택시회사라고 하는데도 무려 70조 원의 기업가치를 가지고 있다. 그런데도 단 한 대의 택시도 보유하고 있지 않다. 국내에선 카카오택시가 그렇다. 세계에서 가장 큰 호텔은? 매리어트가 아니라 이제는 에어비앤비다. 세상에서 가장 큰 통신회사는 어디일까? 과거에는 당신이 쓰고 있는 스마트폰의 통신사를 떠올렸겠지만 이제는 10억 명 사용자의 위챗을 운영하는 중국의 텐센트가, 카카오톡의 카카오가, 라인의 네이버가 그 정답이지 않을까?

마지막으로 질문을 하나만 더 하겠다. 세상에서 가장 큰 미디어회사는 어디일까? 전에는 월트디즈니였다. 하지만 이제 그 자리는 페이스북이 차지하고 있다. 하지만 페이스북은 단 하나의 미디어도 직접 만들지 않는다.

그렇다. 세상에서 가장 큰 식당은 이제 배달의 민족이다. 세상에서 가장 큰 마트는 이제 알리바바이며 쿠팡이다. 세상에서 가장 큰 택시회사는 우버이자 카카오택시다. 세계에서 가장 큰 숙박업체는 에어비앤비이고, 미디어회사는 페이스북이다. 그런데 이들은 그 이름에 걸맞는 기반시설을 하나도 보유하고 있지 않다. 기존의 유통 구조가 완전히 다른 구조에 의해 경쟁력을 잃고 있으며, 시장의 규모 또한 뒤바뀌고 있다. 고용의 형태에도 근원적인 변화가 일어나고 있다. 우리가 의식하지 못하는 사이에 시장의 강자와 약자가 바뀌고 시장의 지배자와 추격자가 달라진 것이다. 무슨 일이 생긴 것일까?

원인은 바로 또 다른 소통 비용의 혁신에 있다. 역사적으로 소통 비용의 절감은 전세를 뒤바꾸는 핵심 요인이다. 독일군이 무적의 프랑스 연합군을 이길 수 있었던 것은 전차 안의 병사에게도 무전기를 나눠주면서 중앙과 전장의 상황을 실시간으로 공유할 수 있도록 소통 비용의 획기적인 전기를 끌어냈기 때문이었다. 세기가 거듭되었고 바야흐로 거의 모든 사람들이 훨씬 진보한 성능의 스마트폰을 손에 들고 다니는 시대가 되었다. 다시 말해 모든 이들이 연결되었고 그들의 위치와 자원을 공유할 수 있는 시점이 된 것이다.

불과 10년 전, 세계는 PC를 기반으로 하는 유선인터넷의 세상이었다. 유선이라는 말 자체가 지칭하듯 이는 특정 공간에 붙박이로 연결되어 있는 하나의 시설로서의 세상이었다. 사무실이나 가정, PC방 등의 고정된 장소에 전화기나 TV처럼 설치되어 있는 컴퓨터를 이용해서 업무를 하고 일상의 연결을 이뤄내는 것이다.

유선인터넷이 가정에 급속도로 보급되고 기반시설화되는 수준에 이르면서 결국 네이버나 다음, 그리고 구글과 같은 유선인터넷 비즈니스가 폭발적으로 성장했고, 이러한 IT서비스가 국가의 주요 산업으로서 우뚝 서게 되었다. 그러면서 저렴하거나 아예 비용이 제로(0원)인 서비스들이 소비자의 선택을 받기 시작하면서 기존에 구입하여 소유하던 일반적인 비즈니스 모델들은 소비하는 모델로 완전히 탈바꿈되었다. 이는 사실 새롭지도 않은 이야기다.

그리고 10년이 흘렀다. 너무나 잘 알다시피 이제는 무선인터넷이라는 변화의 파도가 불어닥쳤다. 스마트폰의 보급이 가파르게 성장하고 있고 이내 공공재가 되었다. 사람들의 머릿속에 피처폰, 폴더폰이라고 불리던 휴대폰도 추억의 저편으로 사라져간다. 가정에서는 PC를 켜지 않거나 아예 PC가 없는 사람들이 많다. 이제 PC의 자리는 노트북이나 스마트 기기로 대체되었다. 인터넷은 그야말로 공기 같은 존재가 되었다. 10년 전만 해도 우리는 인터넷 없이도 사는 데 아무런 지장이 없었다. 하지만 이제는 나의 일부가 되었다. 따라서 그것과의 단절은 나의 한 부분이 죽는 경험과 마찬가지다.

모바일 인터넷은 PC를 사용하여 네트워크에 연결되는 것과는 완전히 다른 차원이다. PC를 통한 연결은 누가 접속해도 똑같은 결과가 나온다. 누가 가게에 들어와도 똑같은 제품의 진열을 제공하고, 똑같은 질문에 똑같은 대답을 하는 기계적인 상점과 같다.

그러나 모바일은 완전히 다르다. 내가 어디에 있는지, 내가 누구인지를 상대가 알기 때문에 모든 정보의 발견은 불특정 다수를 상대로 하는 것이 아니라 나와의 연관성을 바탕으로 제공된다. 즉, 연결의 중심이 대중에서 '나'로 바뀌게 된 것이다. 유선인터넷이 지식정보혁명이라고 불릴만큼 파괴적인 혁신을 이끌어 냈듯이 아이폰을 위시로 하는 무선인터넷의 파도 역시 새로운 혁명으로 시대를 이끌기 시작했다. 그것을 퍼펙트스톰으로 주목한 기업들이 다시금 다윗의 모습으로 시장을 장악하고 있는 골리앗을 대적하기 위해 전장으로 나선 것이다.

지식의 시대에서
취향의 시대로

무언가를 선택하는 상황을 생각해 보자. 우리에게 선택지가 몇 가지 없을 때는 그중 하나를 고르면 된다. 어떤 것을 골라도 큰 차이가 없기 때문이다. 단지 그것이 왜 유용한지에 대한 명분이 있으면 된다. 하지만 선택지가 조금 더 많아지면 어떻게 될까? 그때부터는 좀 어려움을 겪게 된다. 다 비슷하게 느껴지기 때문이다. 이럴 때는 일반적으로 많은 사람들이 선택하는 것을 따른다. 그래서 기업은 광고에 이미 많은 이들이 선택한 상품이라는 메시지를 내보내는 경우가 많다. 그러나 선택의 폭이 너무 많아지면 어떻게 될까? 그때는 광고만으로 선택하지 않게 된다.

당신이 대형마트의 세계맥주 코너 앞에 서 있다고 생각해 보자. 수입맥주가 다변화되어 선택의 폭이 너무 넓어졌다. 카스나 하이트 중 하나를 고르면 됐던 소비자들은 라거와 에일이라는 분류 하에 듣도 보도 못한 수많은 맥주들 앞에서 압도당한다. 가격도 천 원 대에서부터 몇 만 원 대까지 폭이 넓고, 원산지도 정말 다양하다. 도대체 뭘 마셔야 할까?

선택의 폭이 넓으면 처음에는 좋을지 모르지만 곧 혼란스러워진다. 결국 당신은 점원이나 주변 사람에게 추천을 부탁한다. "뭐가 맛있나요?" 그러나 돌아오는 대답은 당황스럽다. "어떤 맛을 선호하십니까?" '내가 뭘 좋아했더라? 내가 기호에 대해 생각해본 적이 있었던가.' 당신은 그동안은 기호라는 것을 잘 모르고 마셔왔음을 인지한다. 두세 가지 정도 중 하나를 고르던 시절에는 나쁘지 않은 정도면 상관없었기 때문이다.

비교 대상이 있을 때 인간은 어떤 특성을 선택하는 것일까? 선택이론의 대가 대니얼 카너만과 아모스 트버스키 등은 1972년부터 인간의 선택에 관한 내용으로 이른바 〈속성비교이론(Feature matching theory)〉을 다루는 핵심 논문들을 발표했다. 이 논문에는 여러 선택지를 두고 있을 때 사람은 공통 속성은 무시하고 독특한 것 가운데 단점을 먼저 버리고 남아있는 장점을 선택한다는 내용이 담겨 있다.

두 여자가 각각 소개팅을 했다고 가정하자. 두 사람 모두 외모가 예쁘고 성격도 좋다. 단지 한 사람은 보호본능을 일으키고 의존적인 편인데 반해 다른 사람은 독립적인 여성이다. 그렇다면 어떤 사람을 선택할까? 일단 공통적인 속성은 생각하지 않을 것이다. 두 사람이 구분되는 지점이 먼저 눈에 들어오기 때문이다. 당신이 만약 누군가를 책임지는 것을 싫어하는 편이라면, 보호본능을 일으키는 의존적인 성격의 여자보다 독립적인 성향의 여자를 눈여겨 볼 것이다. 즉, 인간은 선택지가

《 비교 대상이 있을 때 인간은 어떤 특성을 선택하는가 》

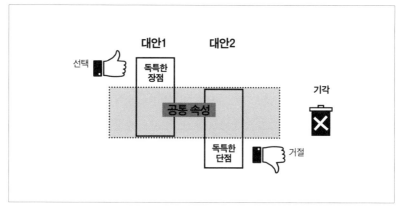

On Tversky an Khaneman(1977, 97, 98)

존재하면 유사한 것은 자동적으로 무시하고 구별되는 서로 다른 것들 가운데 좋아하는 취향을 선택한다는 것이다.

실제로 이와 관련해서 2004년, 워싱턴대학의 인사조직 전문가 차드 히긴즈 팀은 '면접관이 어떤 사람을 선택하는가'에 관한 흥미로운 연구 결과를 발표했다.

이들은 인사담당자들에게 어떤 인재를 채용하고 싶은지 물었는데, 대답은 두 가지로 압축되었다. 인사담당자들이 원하는 인재는 우수한 역량을 가진 사람과 미래 발전 가능성이 높은 사람이었다. 합리적인 대답이지만 여기는 풀기 어려운 지점이 존재한다. 면접자와 면접관은 창과 방패 같은 입장이라 한쪽은 상대의 마음에 들기 위해 자신을 은폐하거나 과장하는 데 반해 면접관은 상대가 자신이 원하는 사람인지를 알아내기 위해서 갖은 방법을 사용할 것이다. 과연 짧은 시간에 만족할 만한 결과를 얻는 게 가능할까?

연구결과는 흥미로웠다. 면접자들의 외모나 스펙은 실제로는 그다지 큰 영향을 미치지 않았을 뿐더러, 면접관들의 대답처럼 현재 역량이나 미래발전 가능성 높은 사람이 채용되었다고 보기 어려웠다. 실제 채용된 사람은 세 가지 부류로 나눌 수 있는데 상황을 환기시킬 만큼 환하게 웃으며 반응하는 사람, 면접관과 취향이 비슷한 사람, 그리고 분야에 상관없이 어떤 영역에서 1등을 하거나 도드라진 성과가 있는 사람이었다. 이것은 비단 인사담당자만의 기준이 아니다. 선택해야 할 것들이 늘어나면, 사람은 정보에 의존하는 대신 상대의 구별되는 지점의 느낌을 선택하고, 본인과 비슷한 취향에 주목하게 되고, 다른 것과 차별화되는 우세 역량에 점수를 준다는 것이다. 쉽게 말하면 선택지가 많아질수록 합리적인 정보에 의존하기보다는 본인의 느낌과 취향으로 더 접근하게 된다.

사람은 선택지가 없을 때는 대세를 따른다. 남들이 많이 선택한다고 생각되는 것을 선택한다. 때문에 미디어를 통한 광고의 효과가 대단히 높다. 하지만 선택지가 많아지게 되면 문제는 달라진다. 자신의 기호를 바탕으로 고르게 되기 때문이다. 비슷하거나 구별되지 않는 것은 일단 고려의 대상이 되지 않는다. 동시에 본인이 싫어하는 것을 배제해 버린다. 처음에는 이것저것 시도해 보지만 결국은 자신이 좋아하는 특성의 제품이나 브랜드를 선택하게 된다.

많아지면 달라진다. 인터넷은 우리에게 세상의 수많은 다양성을 만나게 해주었다. 처음에는 복잡성의 딜레마가 창발하기 시작한다. 하지만 사람들은 이전에 만나지 못했던 수많은 기호들을 발견하게 된다. 2011년 대한민국의 LTE가입자 수는 2,000만 명을 돌파했다. 사람들은 언제 어디서나, 그리고 하루종일 온라인에 연결되어 카카오톡, 라인, 위챗 등으로 사람들과 대화를 시작했다. 이전에 사람들은 직장이나 마을과 같은 물리적 동질성에 묶여 살았지만, 점점 그들은 자신의 관심을 기반으로 관심사가 같은 사람들과 시공간을 넘나들며 만나고 대화하기 시작했다. 그리고 우리 앞에 수많은 다양한 선택지를 마주하게 만들었다. 다양한 사람들의 관심과 기호가 서로 연결되면서 그만큼 선택지는 더욱 기하급수적으로 커졌고 범용적인 취향은 사라지기 시작했다. 남들이 보면 말도 안 되고 이해할 수도 없는 취향이지만 그 취향으로 묶인 사람들이 만나 열광하고 그들의 감정적 반응이 오히려 네트워크와 주변에 영향을 주면서 하나의 산업으로 성장해가는 것이다.

누가 퍼펙트스톰을
발견하는가

1993년, 대전에서 종합병원 전문의로 일하던 P는 여느 날처럼 두 시간도 채 자지 못하며 고강도의 병원 업무를 이어가고 있었다. 과로에 휘청할 정도로 정신이 없는 상태였는데 한 통의 전화가 걸려온다. 서울의 한 경제연구소에서 일하던 친구였는데, 정말 좋은 강연이 있다고 꼭 와서 한 번 들으라는 것이었다. 하루에도 수십 명의 내원 환자가 몰려오고 수술 환자와 응급실 환자를 치료해야 해서 강연을 들을 시간이 없다고 거절했다. 하지만 친구는 정말 좋은 내용이라 놓치면 평생 후회할 거라며 엄포를 놓았다.

강연이 좋아봤자지 하며 무시했는데 이상하게 친구의 그 호언장담이 귓가에 맴돌았다. '한 번 들으러 가 볼까.' 때마침 텍사스 주립대에서 MBA를 전공하고 돌아온 백수 친구가 생각나서 그를 데리러 가기로 한다. 의심 반 기대 반으로 현장에 도착했으나 고작 50명 정도의 연구원이 모여 있었고, 강의는 초반부터 짜증이 났다. 강사는 칠판에 'WWW'라고 쓰더니 이 W가 세상을 바꿀 것이라고 말했다. W 안에는 은행도 들어가고, 쇼핑몰도 들어가고, W로 핵무기도 개발할 수 있다며 그야말로 해괴한 말들을 쏟아냈다. 장내의 연구원들은 이내 술렁이기 시작했고 얼마 지나지 않아 제일 앞쪽 한 줄과 P의 일행을 제외하고는 전원 퇴장해 버렸다. 강의는 곧 끝났고 강사도 멋쩍은 듯 머리를 긁적이며 퇴장했다. P는 초청한 친구에게 이게 뭐냐고 항의를 했고, 친구도 이런 수준인지 몰랐다고 사과하며 오랜만에 만났는데 저녁이나 먹으러 가자고 해 자리에서 일어났다.

그런데 백수 친구는 머리에 뭔가 한 대 얻어맞은 듯 충격과 흥분에 쌓인 얼굴로 P에게 돈을 좀 빌려달라고 했다. 저 강사를 만나서 W에 대해서 좀 더 얘기를 나눠야겠다는 것이었다. 할 수 없이 P는 연구원 친구와 둘이서 밥을 먹으러 갔고, 백수 친구는 강사를 따라갔다.

그 이후 친구는 종종 창업을 했으니 돈을 좀 빌려달라, 가상의 주소를 하나 만들어야 하니 정보를 입력하라며 귀찮게 했다. 친구는 집집마다 집주소가 있듯이 W에 개인마다 가상의 주소를 가지고 그 주소로 편지를 주고 받는 새로운 시대가 도래할 것이라고 말했다. P는 당최 무슨 말인지 이해하지 못했다. 손으로 쓰는 편지도 안 쓰는 마당에 컴퓨터로 편지를 주고 받는다는 게 무슨 말 같지도 않은 이야기냐고 핀잔을 주었다. 그런데 한 달이 지나고 두 달이 지나면서 이상한 일이 벌어지기 시작했다.

어느날 동창회 초청 편지가 컴퓨터에 뜨는 것이었다. 녀석 이딴 거나 하려고 창업한 건가 한심해했다. 그러다가 불현듯 눈길이 가는 지점이 있었다. 편지 수신인이 무려 170명이나 되는 것이었다. 그리고 전체 답장이라는 기능을 사용했더니 나머지 170명 전체가 함께 수신하는 편지를 보낼 수 있었다. 놀라운 점은 그 다음부터였다. 자신이 보낸 편지에 이틀 만에 무려 70명이 넘게 회신을 한 것이다. 편지 수신자 전체가 P가 보낸 내용을 보았고, 그 중의 한 명이 답장을 하자 그 내용 역시 다른 사람에게 보이다 보니 촉매가 되어 사람들이 더 적극적으로 참여했다. 이뿐만이 아니었다. 종합병원의 모든 직원이 W에서 컴퓨터로 편지 보내는 일에 가입하기까지 불과 일주일도 걸리지 않았다. 다른 친구들 사이에서도 마찬가지였다. 편지라고는 했지만 거의 실시간에 가깝게 여러 사람이 함께 채팅을 하고 있는 기분이었다. 그렇게 1년 반이 지나자 가입자 수는 무려 250만 명이 넘었다.

W를 이야기하던 사람은 다음의 창업주 이재웅 대표이며, P의 백수 친구는 이 강연에서 영감을 얻어 대한민국 최초의 상용 메일 서비스인 깨비메일을 만들었고 이후 골드만 삭스에 지분을 980억 원에 매각했다. W라는 이름의 이 퍼펙트스톰의 목격자는 다름 아닌 시골의사로 유명한 박경철 씨다. 그가 이 순간을 뼈아프게 기억하는 것은 백수 친구가 돈을 많이 벌었기 때문이 아니라 똑같은 것을 봤는데 누구는 그것이 기회임을 알아보고 누구는 알아보지 못했기 때문이다.

15년 전으로 거슬로 올라가 보자. 당신은 두루넷, 하나넷, 메가패스 중 어떤 것을 인터넷 서비스로 사용할지를 고민하고 있다. 이 이름만 들어도 아련한 추억이 떠오를 것이다. 상기해보자. 마음 한편으로는 인터넷을 꼭 설치해야 하나 하는 생각도 들었을 것이다. 전화인터넷인 모뎀으로도 텍스트와 간단한 이미지 정도는 주고받을 수 있는데 속도가 빠르다고는 하지만 비싼 요금을 내며 가입할 필요가 있을지 갸우뚱했을 것이다. 쓸데없이 컴퓨터를 붙잡고 앉아 있는 것보다 필요하면 사람들에게 전화를 하거나 문자를 보내는 게 더 빠른 시대였으니까 말이다. 그래서 그저 속도가 더 빨라진다는 게 어떤 의미가 있는지 감이 없었다. 인터넷을 설치한다고 하니 친구가 와서 물어본다. "인터넷 설치하면 뭐가 좋은데?" 명분이 필요했던 당신은 변명하듯 말한다. "좋지. 인터넷으로 전 세계를 검색할 수도 있고, 친구와 메일도 주고 받고 그럴 수 있으니까." 그러면 친구가 다시 반문한다. "너, 친구 없잖아?"

밀레니엄이 시작되기 전의 일이다. 처음엔 천천히, 하지만 이내 집집마다 인터넷이 설치되기 시작했다. 아이러브스쿨을 통해 동창을 만나고, 싸이월드를 통해 친구들의 소식을 온라인에서 보는 마법 같은 신기한 경험을 하게 되었다. 집집마다 집 주소가 있듯이 개인마다 인터넷에 주소를 가지는 시대가 올 것이라는 이재웅 대표의 예측은 그대로 실현되었다. PC통신 시절 전도연이 분한 영화 〈접속〉의 아련한 추억이 MSN, 네이트온, 세이클럽 등의 메신저로 다시금 부활했다.

모뎀이란 단말기가 생경하던 때가 있었던 것처럼 유선인터넷이 우리의 일상에 자리잡기 시작했다. 초고속 광대역 인터넷이 공공재가 되면서 모든 것은 바뀌었다. 사람들은 원하기만 하면 언제든지 원하는 대상에 순식간에 접근할 수 있고 그것이 그림이든 동영상이든 바로 확인할 수 있게 되었다. 네이버가 탄생했고 구글이 탄생했고 IT가 완전히 글로벌 산업으로 우뚝 일어섰다. 유선 광대역 인터넷이 공공재가 되고 우리의 공기가 되자 그것을 기반으로 하는 모든 것이 태동하고 우리의 산업과 생활의 중심으로 깊이 들어온 것이다. 이동 수단으로 인한 물류 혁명이 인터넷을 만나면서 정보혁명, 유통혁명, 소비혁명이라는 이름으로 번져나가기 시작했다. 그리고 다음 단계로 나아간다.

디지로그 가고
다이알로그 오다

10년 전의 어느 날로 돌아가 보자. 출근하던 당신은 집에 휴대전화를 두고 왔다는 사실을 인지했다. 그 순간 당신은 엄청난 스트레스를 느끼며 지각을 하더라도 휴대폰을 찾으러 돌아가거나 집에 갈 때까지 하루종일 아무일도 손에 잡지 못하는 자신을 발견하게 된다. 혹시라도 걸려온 전화나 문자를 확인하지 못할 경우, 크나큰 사업적 손실을 입기라도 할 것처럼 말이다. 어제 전화는 한 통도 걸려온 적이 없는 경우가 대부분이고, 그나마 걸려온 전화도 큰일 날 일은 하나도 없는 경우가 대부분인데도 어찌된 일인지 이따금씩 걸려오는 상대방의 전화나 문자에 재빨리 응답하지 못하면 대단히 미안해진다.

이번에는 5년 전 2010년으로 돌아가 보자. 스마트폰이 본격적으로 보급되기 시작한 시점이다. 이제 우리는 새로운 국면으로 들어선다. 이번에는 배터리가 문제다. 보조 배터리를 챙기지 않으면 마음 한구석엔

어딘가 모르게 불편하다. 배터리 용량은 과거에 비해 훨씬 늘어났는데도 불구하고 하루를 버티지 못하는 우스꽝스러운 상황을 우리는 매일 경험한다. 왜 옛날에는 며칠을 버티던 것이 요즘에는 하루도 못 버티는 거지? 보조배터리를 많이 팔아먹으려는 제조사의 농간은 아닌지 의심해 본 적도 있을 것이다. 하지만 최근의 스마트폰은 배터리 용량이 태블릿에 육박하고 있는 지경이다. 보조 배터리는 이제 필수 휴대 아이템이다. 이 글을 읽는 많은 사람들은 아마도 한 번쯤은 태양열 충전 배터리가 필요하다고 생각했을 것이다.

그리고 2년 전으로 돌아가 보자. 가방 속에 보조 배터리를 챙겼지만, 이제는 그게 문제가 아니다. 스마트폰에서 인터넷 접속이 잘 안 돼서 속이 부글부글 끓고 있다. 지하철을 타고 있는 동안, 버스를 타고 가는 동안 카카오톡이나 트위터, 페이스북이 먹통이 되면 가슴이 턱 답답해진다. 와이파이 설정을 이리저리 조정해도, 3G 전용 통신으로 네트워크 설정을 바꿔도 인터넷이 안 되자 이내 울화가 치밀어 오른다. 때마침 TV에서 스타워즈의 다스베이더가 나타나 "워프!"를 외치며 순간이동을 하는 광고가 흘러나오고 있었다. 아, LTE로 바꿔야겠는걸….

이것이 10년 동안 여러분 대부분의 삶에 나타난 변화이다. 예전에는 전화가 얼마나 잘 터지느냐가 중요했지만, 이제는 인터넷이 얼마나 잘 터지느냐가 핵심가치가 되었다. 아날로그와 디지털은 엄연히 다른 세상이었다. 전화가 안 터지는 것과 인터넷이 안 되는 것은 별개의 문제였다. 업무를 보며 컴퓨터를 다루는 것과 일상에서 사람을 만나고 대화하는 것은 전혀 다른 차원이다. 어느 순간 당신은 디지털 도구가 당신의 존재 그 자체가 되고 있음을 발견한다.

2006년 전 문화부 장관 이어령 교수가 의미심장한 메시지를 던졌다. 우리가 살아가는 세상이 디지털과 완전히 결합된 시대에 진입했음을 알리는 '디지로그(Digilog) 선언'을 했다. 1990년 이후 본격적으로 시작된 디지털 혁명은 사람들을 언제 어디서나 네트워크에 연결되도록 만들었다. 초고속 인터넷망이 전 가정으로 보급되었고 각 가정에서는 한 대 이상의 데스크톱이나 노트북을 사용하고 있었다. 모든 사람은 저마다의 디지털 기기로 항상 연결된 상태가 되었다.

누구나 휴대폰을 자기의 분신처럼 가지고 다니고 있고, 하루의 대부분을 PC나 노트북을 통해 인터넷에 연결되어 있는 상태로 진입했다. 현장을 뛰어다니는 종류의 일을 하는 게 아니라면 대부분의 사람들이 인터넷이 연결된 환경에서 일을 한다. 인터넷은 거대한 정보의 바다가 되었고, 모든 이가 검색을 통해서 세상의 지식을 검색한다. 광대역 인터넷은 마치 전기를 쓰는 것처럼 하나의 인프라로 완전히 자리 잡아서 사람들은 무엇을 하든 인터넷에 접속되어 있다. 그리고 휴대폰과 같은 모바일 기기 역시 이 영역으로 진입을 준비하던 시기였다. 특별히 일에 몰입하고 있을 때가 아니면 우리는 언제나 휴대폰을 들고 문자를 보내고 있거나 친구에게 전화를 하고 있고 MP3나 PMP로 음악을 듣거나 영화를 시청하는 것이 일상화되었다.

현재는 어떤가. 아날로그와 디지털의 경계는 이미 사라진 지 오래다. 디지털이 중심이 되어 아날로그와 결합된 모습의 디지로그는 스마트혁명이 불어닥치기 전인 2006년의 선언이다. 이로부터 5년이 지난

2011년, 크리에이티브 디렉터 남궁연 씨는 이 두 가지가 이제 완전히 녹아들어버린 새로운 형태가 되었음을 강조하며 디지털(Digital)의 Di와 아날로그(Analog)의 alog를 결합한 다이알로그(Dialog)를 선언하기에 이르렀다.

지금까지의 세상은 물리적으로, 기능적으로 구분되어 있었다. 옆 동네에서, 옆 나라에서 무슨 일이 일어나는지 아는 게 쉬운 일이 아니었다. 하지만 기술은 지구촌 곳곳에서 무슨 일이 일어나는지를 거시적으로 볼 수 있도록 만들어 주었고, 원할 때면 언제 어디서든 세계 곳곳의 정보를 접근할 수 있도록 만들어 주었다. 그리고 마침내 정보의 바다를 넘어 그 너머에 있는 사람들을 촘촘하게 발견하고 소통할 수 있는 미시적인 연결들을 끌어내기에 이른다.

인터넷은 정보의 바다가 아니라 사람의 바다가 되었다. 기술은 사람들을 서로 대화하고 만나게 만드는 방향으로 진보하고, 하루에만 수백 억 건의 콘텐츠 공유가 일어날 만큼 폭발적인 속도로 엄청난 정보들이 사람들의 관계를 통해 확산되고 있다. 카카오톡이나 페이스북, 트위터는 전화나 문자를 대신한 소통 수단으로 완전히 탈바꿈해 버렸다. 우리는 지금 일어나고 있는 소식과 생각들을 이러한 수단을 통해 실시간으로 공유하며 '대화'를 나누고 있다. 사람들은 이제 정보가 아니라 그들 자신, 그들의 감정을 주고 받는다.

제4장

관심연결경제

감성이 행동을 낳는다, 러브 바이러스와 파충류뇌

2000년 5월 15일, 〈타임(Time)〉지는 커버스토리로 'The Love Bug(사랑벌레)'라는 제목의 기사를 실었다. 기사의 내용은 이 벌레가 어떻게 나타나고, 이것을 어떻게 피할 수 있는지에 관한 것이었다. 이것은 어떤 벌레일까? 사실 러브 버그는 컴퓨터 바이러스 이름이었다.

러브 버그는 이메일을 통해 확산되는 바이러스로, 그 파급력이 워낙 막강해서 〈타임〉지 표지를 장식할 만큼 전 세계 컴퓨터들을 빠른 속도로 감염시키고 PC 내 파일들을 파괴하고 시스템 속도를 떨어뜨린 주범이었다. 이 바이러스는 첨부파일을 여는 동시에 매크로 프로그램이 자동 실행되어 해당 메일의 주소록에 저장된 주소들로 감염된 이메일을 마구잡이로 전송했다. 당시 러브 버그는 전 세계 네트워크가 심각하게 느려질 정도로 엄청난 트래픽을 일으켰고, 어떤 곳은 아예 마비되어 '대재앙'이라고 할 만큼의 상황이 벌어졌다. 그 즈음 신문 기사에 '러브

버그 바이러스 전세계 비상', '러브 버그 바이러스 미 백악관–국방부 침투', '전 세계 300만 여 컴퓨터 파일 피해'와 같은 제목이 달린 것을 보면 러브 버그가 얼마나 강력한 바이러스였는지 실감할 수 있다.

그러나 러브 버그로 전 세계를 혼란에 빠뜨린 스물세 살의 오넬 드 구즈만이라는 청년은 해당 범죄를 처벌할 법률이 없어 무죄로 풀려났고 곧 영국의 한 컴퓨터보안회사에 취직했다.

흥미로운 점은 2000년 러브 버그 바이러스 이전에도 사람들이 예루살렘이나 멜리사와 같이 유사한 방식으로 PC를 감염시키는 바이러스를 경험했다는 사실이다. 왜 사람들은 같은 실수를 반복한 것일까? 상상해 보라. 모르는 사람에게서 정체불명의 메일이 왔는데, 거기에 exe나 com 같은 응용프로그램에 쓰이는 확장자를 가진 파일이 첨부되어 있다. 왜 사람들은 의심 없이 첨부파일을 클릭한 것일까? 대답은 메일의 제목에 있었다.

I Love You.

이 한 마디에 전 세계 사람들이 바보 같은 짓을 저지른 것이다. 러브 바이러스는 영국과 덴마크 의회, 미국의 의회와 백악관, 국방부, 국무부, FBI와 같은 핵심 국가기관은 물론 AT&T, 포드 등의 대기업과 금융, 언론기관의 컴퓨터 시스템에 막대한 피해를 입혔다. 미국에서 250만 대의 컴퓨터에 피해를 입혔으며, 전 세계적으로 300만 대 이상의 컴퓨터에 피해를 입혔다. 단지 '사랑해'라는 말 한 마디 때문에 국회, 금융, 정보기관 모두 무방비 상태로 당한 것이다.

감성과 이성의 차이

이 사건은 인간이 사랑이라는 정서에 얼마나 취약한지 보여준다. 사람은 이성이 아니라 감성에 지배당하는 동물인 것이다. 뇌신경학자 도널드 칼네는 "이성과 감성의 근본적인 차이는 이성은 결론을 낳는데 반해 감성은 행동을 낳는다는 점이다"라고 말해 인간이 감성으로 움직이는 존재임을 밝혔다.

뇌신경학자가 아니라고 해도 이 사실을 깨닫는 것은 어려운 일이 아니다. 마케팅전문가들도 소비자행동을 분석함으로써 감성과 이성이 상충할 때는 감성이 승리한다는 사실을 알고 있는 듯하다. 다음은 광고회사 퍼블리셔스 그룹의 회장 모리스 레비의 말이다.

"단순한 사실에 입각해서 구매결정을 내리는 소비자는 지극히 소수에 불과하다. 결국 마지막 순간에 결론을 내리는 것은 그 순간의 감성이다. 나는 이게 좋아, 마음에 들어."

영국의 진화심리학자 딜런 에반스는 인간의 감성을 1차 감성과 2차 감성으로 나눈다. 1차 감성은 단순하고, 격렬하며 통제할 수 없는 종류지만 가장 우리의 행동에 큰 영향을 주며 직접적이다. 2차 감성은 사회적인 감정으로 사람들과의 관계에서 내포되는 감정, 즉 연결에 관련된 감정이다. 에반스는 1차 감성을 포괄하는 단어는 기쁨(Joy), 슬픔(Sorrow), 분노(Anger), 두려움(Fear), 놀라움(Surprise), 혐오감(Disgust)을, 2차 감성을 포괄하는 단어로는 사랑(Love), 죄책감(Guilt), 수치심(Shame), 자부심(Pride), 부러움(Envy), 질투심(Jealousy)을 꼽았다.

'사랑해'라는 한 마디에 전 세계가 감염될 수 있었던 것은 '사랑'이 사람들과의 관계에 내포된 감정, 연결된 감정이었기 때문이다. 인간은 혼자 있지만 연결되고 싶어 하는 존재다. 그것을 촉발하게 하는 요인에 사람들은 속수무책이다. 문제는 기술이 사람들로 하여금 그 어느 때보다도 연결된 상태에 있도록 만들었다는 점이다. 그리고 우리는 이제 네트워크를 통해 거기에 연결된 사람들과 '감정'을 교류하고 있다. 기술이 발전할수록, 네트워크가 고도화될수록 기술 자체가 아니라 감성이 더 중요한 요소로 부각되는 것은 바로 이 때문이다. 그래서 지금 이 시대에 "사랑과 기술이 만나면 거기서 걸작이 탄생한다"는 존 러스킨의 말이 진정으로 큰 의미를 가지는 것이다.

감성에 지배당하는 인간의 뇌

우리 내면의 반응은 일차적으로 파충류뇌라고 불리는 원시뇌에서 일어난다. 이것은 본능에 가까운 것이고, 욕구를 충족시키고자 하는 동기에서 기인한다. 원시뇌는 인간을 포함한 모든 동물에게 있으며 가장 오래된 세포로 호흡과 운동, 온도 조절과 섭식, 성행위 등 인간의 생존에 직결된 부분을 관장한다. 하지만 원시뇌의 정말 중요한 부분은 정서에 관한 것으로 마음을 관장한다.

놀라움, 공포, 스트레스 같은 방어적인 정서뿐 아니라 애정과 희생, 안정, 지적인 욕구, 의미와 호기심 등이 모두 원시뇌에서부터 출발한다. 200만 년이 넘는 인류 진화의 역사에 있어 인간의 이성은 겨우 20만 년 전에 탄생했다. 인간은 여전히 이성적인 동물이라기보다는 감성적인 동물인 것이다. 그럼 인류가 이룩해낸 과학기술을 포함한 모든 종류의 진보들은 어떻게 설명할 것인가? 인간에게 있어 이성의 비중이 적다는 말이 아니다. 인간 두뇌의 80%는 다른 동물에는 없는 인간만의 특성이 차지하고 있다. 하지만 우리가 어떤 대상이나 상황에 대해 판단을 내려야 할 때에는 감정이 우선적으로 작용한다는 것에 주목해야 한다.

말이 어렵게 느껴진다면 우리의 일상생활을 한번 돌아보자. 우리가 이성(異性)을 좋아하는 과정은 어떤가. 누군가를 좋아한다는 것은 그가 우리가 정한 어떤 기준을 만족시키기 때문이 아니다. 어떤 정서적인 부분이 갑자기 우리 마음을 사로잡기 시작하면 그때부터 우리의 이성이 마비된다. 얼마 지나지 않아 그를 좋아하는 이유를 찾아내서 그에게 끌리는 이유를 정당화하려 한다. 분명 어떤 정서적 동기가 먼저 발생하고 이성이 뒤따라온다.

다툼이 생겼을 때도 마찬가지다. 처음 시작은 약간의 섭섭한 마음이었더라도 상대가 마음을 이해해주지 않으면 그 섭섭함이 큰 실망감으로 변질되고 상대에게 충격을 가할 수 있는 이유들을 찾아내어 이내 공격을 가한다. 이런 상황을 옆에서 지켜보면 누군가 중대한 잘못을 저지른 것처럼 섬뜩하게 느껴지기도 한다. 마치 그의 전 인생이 상대로 인해 피해를 입은 것처럼 행동하기도 한다. 실상은 사소한 감정에서 출발한 것인데도 말이다.

이성은 인류의 진보를 이루어낸 기적과도 같은 것이지만, 감정에 있어서는 그저 도구일 뿐이다.

확산의 에너지,
디지털 호르몬 감정

누군가 하품하는 것을 보면 하품을 따라 하고 싶어진다. 하품이란 단어만 보고도 갑자기 하품을 한 사람이 있을지도 모른다. 하품은 대단히 강한 전염성을 지니고 있기 때문이다.

일반적으로 하품은 뇌에 산소를 보충하고 체내 온도를 낮추기 위한 생리적 반응이라고 알려져 있는데, 하품이 전염되는 이유는 무엇일까? 인체에는 거울신경이라는 것이 있어 상대방의 몸에서 일어나는 반응을 보는 것만으로 유사한 느낌을 겪는다. 다른 사람이 칼에 손을 베어 아파하는 모습을 보면 내 손도 찌릿찌릿한 느낌을 받는 것이 그런 경우다.

반면 딸꾹질은 하품처럼 전염이 되지 않는다. 누군가 옆에서 연신 딸꾹질을 한다고 해도 그것을 따라 하는 사람은 없다. 왜 하품은 전염되는데 딸꾹질은 전염되지 않는 것일까? 불과 몇 년 전까지만 해도 하

품의 전염에 대한 미스터리는 풀리지 않았었다. 최근 뇌를 실시간으로 관찰할 수 있는 기능성 MRI 기술이 소개되면서 하품은 사실 '정서적 모방' 행위라는 점이 밝혀졌다.

즐겁고 신나는 분위기에서는 하품이 잘 전염되지 않는다. 하지만 지루하고 무료한 상황에서는 한 사람의 하품이 동시다발적으로 퍼져나간다. 즉 어떤 공간 안에 모여 있던 사람들 사이에 하품이 퍼져나가는 것은 그들의 정서가 퍼져나가는 셈이라는 말이다. 이것은 어떤 행위를 함께하는 데 있어 정서적 동질성을 보여주는 단적인 사례다.

하버드대 사회학 교수인 니콜라스 크리스태커스는 정서적으로 전염되는 것에 무엇이 있는지를 연구했다. 그중 하나는 비만의 전염에 대한 연구이다. 그는 1촌일 때는 비만의 상관관계가 50%, 2촌일 때는 25%임을 밝혀냈다. 더욱 흥미로운 부분은 정서적으로 가까운 관계일수록 비만의 상관관계가 높다는 것이었다. 형제나 부부 관계일 때는 비만 상관관계가 50% 정도로 나타났고, 소울메이트처럼 정서적 친밀도가 매우 높은 경우에는 비만 상관관계가 무려 170%가 넘었다. 정서적 친밀도가 비만에도 영향을 미치는 것이다.

그는 행복에 대해서도 정서적 동질성을 조사했다. 가족과 지인으로 구성된 다양한 집단의 사람들에게 그들이 느끼는 행복감을 지수로 표현하도록 했고, 그들의 친구나 직장 동료처럼 주변 사람들을 대상으로 같은 조사를 실시했다. 조사 결과 비만 상관관계와 마찬가지로 정서적 동질성이 사람들의 관계에 그대로 적용되고 있었다. 삶에 대해 부정적인 태도를 견지하고 있는 사람들은 그와 유사성을 보이는 사람들과 함께하는 경향이 있었다. 긍정적인 태도를 견지하고 있는 사람들 역시 마찬가지였다. 쉽게 말해 끼리끼리 모여든다는 것이다. 행복하고 싶더라도 자신이 속한 네트워크가 우울하다면 혼자만의 힘으로는 안 된다는 의미이기도 하다.

크리스태커 교수의 연구는 과잉연결시대로 진입한 현대 사회를 조망하는 중요한 관점이다. 앞서 말한 우리 두뇌와 인터넷이 형성하고 있는 스케일 프리 네트워크를 생각해 보자. 많아지면 복잡해지는 것이 아니라 허브를 중심으로 연결이 구조화된다. 사회가 과잉 연결될수록 사람들은 저마다의 동질성으로 연결을 강화한다. 연결과 소통의 비용이 낮아질수록 물리적인 관계 범위를 뛰어넘는 관심 네트워크를 형성하게 되는 것이다. 다시 말해 원거리에 있는 사람과도 정서적으로 연결될 수 있으며, 행복감과 우울감, 외로움 같은 정서의 전염 또한 더 넓은 범위로 확산될 수 있는 것이다.

나쁜 소문은 왜 빨리 퍼질까?

발 없는 말이 천리를 간다는 말처럼 입소문은 정말 빠른 속도로 사람들 사이로 퍼져나간다. 하지만 어떤 이야기나 다 그렇게 빨리 퍼져나가는 것은 아니다. 우리는 경험적으로 '부정적인 소문'일수록 더 빨리 확산된다고 생각한다. 반면에 긍정적인 이야기들은 퍼져나가지 않는다고 이야기한다. 정말 그럴까?

카이스트 문화기술대학원 차미영 교수는 실제로 이 부분에 대해서 조사를 했고 특정 사건의 사안에 대해 루머에 대한 글과, 사안의 당사자의 사과, 그리고 정정 내지 평가에 관한 글들이 트위터 내에서 어떻게 퍼져나가는지를 분석했다. 그 결과 실제로 루머에 해당하는 기사들은 빠른 속도로 퍼져나가는 반면, 사과나 비평 기사들은 상대적으로 빨리 퍼져나가지 않는다는 것을 확인했다.

하지만 이것만으로 부정적인 소문이 더 빨리 퍼져 나간다고 결론을 내릴 수는 없었다. 왜냐하면 삼성이나 애플, 테슬라 같은 회사들의 신제품 출시 루머도 연일 트위터 트렌드의 상위를 차지하는데 이런 루머의 경우 부정적인 이야기라고 할 수 없기 때문이다. 이는 소문이 빨리 퍼지는 것은 부정적이냐 아니냐에 관한 문제가 아니라는 뜻이다. 그러면 사람들이 루머 자체에 관심을 가진다는 말인가?

100만 팔로어의 오류

감정 확산의 실체라는 것은 100만 팔로어의 오류에서도 살펴볼 수 있다. 차미영 교수는 5,000만 명의 트위터 사용자 정보와 20억 개의 링크, 그리고 17억 개의 트위터 메시지를 분석하여 팔로어 수 대비 사람들의 메시지가 얼마나 리트윗(재전송)되고 언급되는지를 확인했다. 얼

《 팔로워 순위에 따른 재전송과 멘션의 상관관계 》

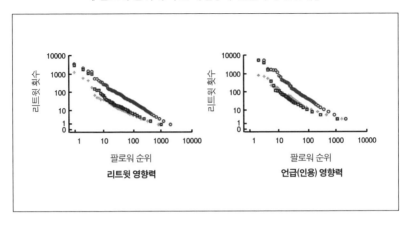

핏 생각하면 팔로어 수가 많다는 말은 그만큼 영향력이 크다는 의미로 유명한 사람이 작성한 메시지는 리트윗이나 언급될 가능성이 더 높을 거라고 추측할 수 있다. 하지만 글에 대한 반응은 팔로어 수와 반비례하고 있었다. 왜 그런 것일까?

그 이유는 메시지에 포함된 감정과 관련된 것이었다. 팔로어가 얼마 되지 않을 때에는 사람들은 신변잡기 등을 주제로 자신의 감정에 의거한 이야기를 한다. 하지만 팔로어 수가 많아질수록 누가 뭐라고 하지는 않지만 스스로 공인이 된 듯한 느낌을 가진다. 많은 사람들이 자신의 이야기를 보고 있다는 생각에 좀 더 신중한 태도를 취하는 것이다. 따라서 감정적인 표현보다는 감정을 객관적인 정보의 형태로 전달하려고 노력한다. 감정이 정보로 바뀌는 경향이 커지고 논리적인 대화로 이어지는 경우가 현저하게 증가한다.

트위터 글에서 감정적 표현이 사라지면 확실히 리트윗이 줄어드는 경향을 보이는 것이 사실이다. 즉 네트워크에서 흐르는 메시지의 실체는 정보가 아니라 감정이다.

하품이 전염되는 것과 비만이 퍼져나가는 것과 행복이 옮겨가는 것, 그리고 소문이 확산되는 모든 것들은 결국 정서가 전염되는 것이다. 정서는 전염성이 대단히 강력하다. 이 정서적 동질성을 가진 사람들이 만났을 경우, 그들이 만들어내는 공명은 그야말로 강력한 에너지를 만들어낸다. 정서는 '디지털 호르몬'이다. 우리의 몸 안 구석구석을 타고 흐르며 우리의 행동과 의식을 지배한다. 마찬가지로 정서적으로 연결된 집단 역시 디지털 호르몬이 구성원들을 타고 흐른다. 이로 인해 사람들은 시간이 지날수록 강력한 마인드셋을 가지게 되고 더욱 더 밀접한 결합이 일어나고 결국 막강한 에너지를 만들어낸다.

루머의 모양

차미영 교수는 여기서 한발 더 나아갔다. 온라인으로 나누는 대화 중 많은 것들의 일부는 사실이 아닌 루머이고, 어떤 것은 진실에 관한 것이다. 하지만 개인의 입장에선 이것을 파악하기란 쉽지 않다. 특히 최근 루머가 사회적 갈등을 크게 일으키는 존재로 부각되면서 이에 대한 문제제기를 하는 경우도 늘어나고 있다. 감정의 확산 구조를 들여다

《 루머가 퍼지는 모양 》

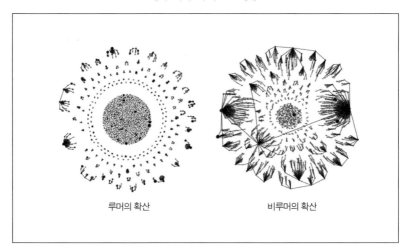

루머의 확산 | 비루머의 확산

보았을 때 혹시 루머와 진실을 구분하는 방법도 있지 않을까에 주목한
것이다.

  우선 루머는 일반 정보와 달리 지속적으로 전파되는 것으로 나타났
다. 일반 뉴스는 전파 속도가 한 번 정점을 찍고 나면 잠잠해지는 데 반
해, 루머는 수년간 지속적으로 언급되는 모습을 보였다. 또 루머가 확
산되는 방식이 서로 연관이 없는 임의의 사용자들에 의해 산발적으로
이뤄졌다. 일반 정보는 온라인 내 친구관계를 중심으로 퍼지지만, 루머
는 관련이 없는 개개인이 참여하는 모습을 보였다. 그리고 인지도가 낮
은 사용자들에서 시작해 연예인이나 정치인 등 유명인에게로 전파되는
것으로 관찰됐다.

특히 루머는 일반 정보와 달리 진위를 의심·부정·유추하는 심리학적 과정과 '사실일지는 모르겠지만', '확실치는 않지만', '내 생각에는', '잘 기억나진 않지만'과 같은 연관된 어구의 사용이 월등히 높았다. 연구팀이 루머로 구분한 사례로는 미국 대선 당시 '버락 오바마 대통령 후보가 무슬림이며 반기독교적 성향이 있다'와 '영화배우 니콜 키드먼이 성전환 수술을 했으며 양성애자이다' 등이 포함됐다.

차미영 교수는 이런 현상이 나타나는 이유를 다음과 같이 설명했다.

"정보의 전파 초기에는 루머인지 여부를 가리기 어렵지만, 일정 시간이 지나 정보 확산이 이뤄지면 빅데이터를 기반으로 해 정보의 진위를 판단하는 것이 가능하다. (…) 팔로어가 많거나 영향력 있는 연예인이나 정치인 등 유명인의 경우 명성이나 신뢰를 잃을 수 있기 때문에 정보의 전파에 신중한 모습을 보이는 반면, 루머의 경우 임의의 사용자들이 책임을 회피하는 서두를 던지며 언급하는 모습을 보였다."

다시 말하면 루머는 사실 관계를 기반으로 하는 경우보다 어떤 음모나 추측, 가능성으로부터 시작하고 미디어나 영향력이 있는 사람처럼 객관적인 소스보다 불특정 다수에서 출발하여 불특정 다수가 참여하는 형태의 구조를 가진다.

인간은 빈틈을 메꾸는 습성이 있다. 인간은 원시시대부터 저 멀리 숲속에서 부스럭거리는 소리가 들리면 그것이 무엇인지를 상상하고 추측하는 형태로 진화되어왔다. 때문에 불완전하거나 빈틈이 있는 추측 내지 의혹들은 자동으로 그 틈을 각자의 선입견이나 경험으로 메꿔 버린다. 여기서 정보는 변조가 일어나게 되고, 그 정보는 의혹과 같은 감정이 실려 있다 보니 다른 양태로 증폭되는 경향을 가진다. 그것이 특히 자신의 관심 분야이거나 자신의 경험 세계 내에서의 이슈일 때는 더더욱 그렇다. 하지만 반면 전혀 새로운 분야이거나 명백한 사실인 경우에는 이질적인 내용으로 틈을 메꿀 여지가 별로 없기 때문에 확산이 덜 일어난다.

이 지점은 개인이나 기업이 타인과의 관계를 풀어가는 데에도 유용한 지혜를 제공한다. 우리가 상대를 대하는 데 있어 무언가를 알리거나 어필하고 싶을 때는 사람들의 감정에 기반한 메시지를 소구하여 '확산'의 요소를 사용해야 하며, 반면에 상대방이 제기하는 의혹이나 감정적인 부분은 충분한 정보를 제공해서 판단에 필요한 근거를 상대의 의구심으로 채우지 말아야 한다.

당신의 기업에 대해 고객들의 불만이나 의혹, 불신이 커진 상황이라면 위 사항을 명심해야 한다. 추상적이고 개념적인, 그리고 감성적인 태도로 접근하면 고객들의 의혹은 더욱 커져 감당할 수 없는 상황에 처할 수 있다. 따라서 의혹이 커져갈 때는 세세하고 정확한 사실로 대응하고, 고객이 제기하는 다양한 의구심에 틈이 생기지 않도록 상세한 판단 근거를 제공할 필요가 있다. 그리고 고객들이 그것들을 온라인에서 쉽게 참조하고 서로 공유할 수 있도록 해야 한다.

결국 이런 루머에 관한 빅데이터가 보여주는 사실은 사람의 속성에 관한 이해다. 그들이 우리와 더 긴밀하게 연결될수록, 그들에게 우리가 요소별로 적절하게 필요한 대응을 할수록 고객들은 우리에게 유리하며 신뢰할 수 있는 동반자로 다가오게 되는 것이다.

이를 통해 내릴 수 있는 결론은 네트워크의 실체는 결국 감정에 관한 것이고, 네트워크를 통해서 퍼져나가는 것의 실체도 감정이라는 점이다. 이것의 힘은 실로 대단하고, 이를 활용하는 것이 에너지를 만드는 핵심이다.

관심 네트워크로
전 세계의 빨간 풍선을 찾아라

2009년 12월 1일 미 국방성 방위고등연구계획국(DARPA)은 인터넷 탄생 40주년을 기념하여 '빨간 풍선 찾기'라는 흥미로운 공모전을 진행했다. 미국 전역의 어딘가에 대형 빨간 풍선 10개를 띄워놓고 가장 빨리 모두 찾는 팀에게 4만 달러의 상금을 주는 것이었다. 주최 측은 이 공모전을 통해 인터넷상에서 정보가 확산되는 속도와 정확도를 실험해 보려 했다. 이 실험을 통해 미국 전역에 동시다발적인 폭탄 테러 위협이 발생할 경우 어떻게 하면 숨겨진 폭탄을 빨리 찾아낼 수 있을지 알아보고 싶었던 것이다.

이를 위해 DARPA는 경기 시작 직전 미국 전역의 공공장소에 지름 2.5미터의 제법 큰 빨간 풍선 10개를 비밀리에 설치했다. 지리적으로 엄청나게 넓은 미국의 어딘가에 숨겨진 풍선을 사람들은 과연 다 찾아낼 수 있을까?

공모전에는 모두 4,000여 팀이 응모했다. 과연 이들은 얼마 만에 미국 전역에 있는 빨간 풍선을 찾아낼 수 있을까? DARPA는 10개를 모두 찾는 데 9일 정도 걸릴 것으로 예상했다. 그러나 이 공모전은 MIT 대학생팀에 의해 불과 9시간 만에 종료되었다. 도대체 이들은 어떻게 9시간 만에 풍선을 다 찾아냈을까?

풍선을 찾아주면 2,000달러 상금 가지치기

MIT 대학생팀이 꺼내든 카드는 트위터와 페이스북이었다. 바로 SNS 서비스를 통한 인접 네트워크(adjacent network)의 힘을 이용한 것이었다. 이들은 정보 트래픽이 많은 사이트와 블로그에 빨간 풍선 찾기에 대해 알리고 트위터와 페이스북으로 서포터들을 모집했다. 그리고 '상금 가지치기'라는 인센티브 방식을 제안했다. 직접 찾지는 못해도 소식을 전하는 것만으로도 상금을 나눠주겠다는 것이다. 풍선을 찾은 사람은 2,000달러를 받지만 그 사람에게 소식을 전한 사람은 1,000달러를 받을 수 있다.

이렇게 하면 MIT팀은 네 단계를 거쳐 풍선을 찾더라도 총 3,750달러(2,000+1,000+500+250)를 부담하면 된다. 풍선을 찾는 데 수십, 수백 명을 거친다면 지불해야 할 돈이 감당할 수 없을 만큼 늘어나겠지만 우리가 고등학교 때 배운 등비급수의 개념을 떠올려보면 풍선을 하나 찾는 데 필요한 최대 금액은 4,000달러(2×2,000)다. 이렇게 하면 10개를 다 찾아도 절대로 공모전 상금인 4만 달러를 넘어서지 않는다. 그들은 이런 다단계 인센티브 방식을 사용하여 9시간 만에 과업을 성취했다.

비록 장난기 어린 이벤트성 행사였지만, MIT팀의 시도는 점대 면의 소통 방법을 시도했다는 측면에서 주목할 만하다. 이 실험은 불특정 다수를 통해 알려지는 것이 아니라, 그들을 관심그룹으로 팔로잉한 사람들에게 공유가 되었고, 그들 역시 해당 내용을 공유하여 자신의 관심 그룹에 전파함으로써 관심 네트워크를 통한 점대 면의 전파를 일으킨 것이다. 즉 호수에 돌을 던져 파문을 일으키는 것처럼 풍선을 찾는다는 사실이 물결 효과를 일으키며 퍼져나간 것이다. 인접 네트워크로 묶인 관심 집단은 그 자체로 대화에 참여한다. 운동장에 서로 아는 사람들이 근처에 서 있는 경우와 모르는 사람들이 근처에 서 있는 채로 100명이 모여든 모습을 언급한 것을 다시금 상상해 보라.

만약 이 실험을 일반적인 형태의 조직 구조에서 접근했다면 어땠을까. 내가 속한 조직을 동원해서 풍선을 몇 개 찾아낼 수도 있다. 그러나 내가 발견한 풍선을 남들에게 보여주려고는 하지 않을 것이다. 도리어 남들이 나에게 풍선에 대한 정보를 제공하기를 바랄 것이다. 서로 협력하는 게 좋다는 것을 알아도 조직의 딜레마에 갇혀 서로의 정보를 공유하고 퍼뜨리는 데 협조하지 않는 것이다. 그러나 관심 네트워크는 다르다. 공동의 목적을 이루기 위해 적극적으로 협력하려고 든다. 때문에 이런 네트워크에서는 나의 작은 관심, 나의 작은 에너지, 나의 작은 행동 하나가 파문을 일으킬 수 있다.

흥미로운 점은 연결 비용이 낮아질수록 변화의 속도는 더욱 **빨라**진다는 점이다. 물론 반대로 그것은 갈등의 증폭 지점이 되기도 할 것이다. 하지만 연결은 복잡성을 키우는 동시에 세렌디피티 역시 커지기 때문에 기존에는 생각하지 못했던 새로운 아이디어들이 탄생에 탄생을 거듭하고, 이는 곧 새로운 비즈니스들을 기하급수적으로 창출하는 힘이 될 수도 있기 때문이다.

우리 조직의
관심 네트워크를 발견하라

    연결은 기하급수의 수준으로 복잡성을 증폭시키는 반면 발견 비용을 극적으로 떨어뜨리는 양면성이 있다. 때문에 어떤 목적을 가지느냐에 따라 연결은 풀기 어려운 문제가 될 수도 있고 그야말로 예측할 수 없는 불안정한 상태를 유발하기도 한다. 하지만 관심 네트워크를 형성할 경우 연결은 미지의 답을 발견하는 가장 효과적인 수단이 될 수 있다. 이 점에 주목한 나는 미 국방성에서 수행한 빨간 풍선 찾기를 거대 조직을 상대로 실험해 보고 싶었다.

    2011년 당시 내가 몸담고 있던 삼성전자는 13만여 명의 임직원을 거느린 거대 조직이었다. 큰 기업일수록 조직의 벽을 넘어 부서와 부서가 만나고, 사업부와 사업부가 만나는 다양한 이해관계로 얽힌 사람들이 서로 마음을 내려놓고 만날 수 있는 문화적 연결이 필요했다. 하지만 조직 네트워크를 넘어 관심 네트워크, 즉 커뮤니티 구조가 실제 기업의 비즈니스에도 도움이 될 수 있다는 믿음에 대한 근거가 필요했다. 때문에 이 실험을 제안하자 임직원은 물론 인사팀과 홍보팀, 미래전략실에서도 관심을 보이며 필요한 자원을 지원하기로 했다.

전 세계에 숨겨둔 9개의 풍선을 찾아라!

얼마 뒤 사내 포털사이트를 통해서 빨간 풍선 찾기를 설명하며 참가자를 모집했고, 한 달여 동안 450명이 지원했다. 게임의 방법은 간단했다. 전 세계 삼성전자 사업장의 어딘가에 숨겨둔 총 9개의 풍선을 찾는 것이다. 찾는 사람에겐 상금을 주고, 찾지 못해도 주변에 전파만 해주면 상금의 일부를 받을 수 있다. 단, 전파의 수단은 메일과 메신저로 국한했다. 메일과 메신저는 모르는 사람에게는 보내지 않기 때문에 아는 사람이 아는 사람에게 전달되는 과정을 보면 개인들이 어떻게 연결되어 있는지 관심 네트워크를 그려볼 수 있었다. 그래서 풍선을 찾으면 미리 마련해둔 사이트에 누구를 통해서 받았는지, 누구에게 보냈는지를 기입하도록 했다.

게임이 시작되기 전, 모든 풍선이 어디에 있는지 아는 것은 한 사람뿐이었다. 그리고 실제로 9개의 풍선 중 하나는 미 국방성의 빨간 풍선 찾기 공모전에 대한 오마주로 누구나 볼 수 있는 건물 외벽에 달아두었고, 나머지 8개는 건물 안 특정 임직원의 곁에 두었다. 풍선은 한국, 미국, 영국, 중국, 오스트리아 등 5개국의 9개 지점에 숨겨졌다. 게임의 재미를 더하기 위해 유사 풍선에 속지 말라는 문구와 함께 빨간색이 아닌 다른 색깔의 풍선도 곳곳에 설치했다. 풍선을 가진 사람은 철저히 보안을 지키지만, 풍선을 가지고 있는지 묻는 연락이 오면 "네, 제가 풍선을 가지고 있습니다"라고 대답하고 풍선을 찾았음을 공식적으로 선언하도록 했다.

풍선은 한 개만 찾아도 되고, 여러 개를 찾아도 상관 없으며 풍선 한 개당 상금 10만 원을 걸었다. 또 풍선을 직접 찾지 못하고 주변에 알려주기만 해도 풍선을 찾은 뒤 배당금이 돌아가는 것으로 했다. 미국에서 실시한 빨간 풍선 찾기에서 우승한 MIT 대학생팀의 보상 방식을 따라한 것이다. 때문에 풍선을 찾는 메일이 아무리 많이 퍼져나가도 풍선 한 개를 발견하는 데 지급되는 총비용은 20만 원 이내다. 따라서 9개의 풍선에는 총 180만 원이 필요했고, 이는 홍보팀에서 지원해 주기로 했다.

자, 이제 과연 전 세계의 사업장에 숨겨진 풍선을 다 찾는데 성공할 것인가. 실패해도 괜찮다고 생각했지만 막상 게임이 시작되자 초조해졌다. 사람들이 정말로 자기 주변에 풍선이 있는지 찾아보려 할지, 게임에 대해 주변에 전파할지, 풍선을 가진 임직원에게 풍선을 찾는 메일이 올지 자신이 없었다.

뚜껑을 열자 예상을 뒤엎는 결과가 나왔다. 2011년 1월 17일 오전 11시 5분, 게임의 시작을 알리자 450명의 참가자가 일제히 주변에 메일을 전송하기 시작했다. 이들은 각각 적게는 10명에서 많게는 100명에 이르기까지 많은 사람들에게 메일을 보냈는데, 당연히 잘 아는 사람들에게 보냈다.

풍선이 처음으로 발견된 것은 게임을 시작하고 불과 5분이 지난 11시 10분. 구미사업장의 무선사업부 임원의 자리에 있는 풍선이었다. 그리고 10분 뒤 수원사업장의 옥상에 띄워놓은 풍선이 발견되었다. 이후 3분과 4분 후에 세 번째, 네 번째 풍선이 각각 수원과 기흥에서 발견되었고, 점심시간이 끝난 다음 온양에 숨겨두었던 마지막 풍선이 발견되었다. 국내에는 5개의 풍선을 숨겨뒀는데 불과 2시간 10분 만에 모두 발견되었다.

이제부터는 해외가 관건이었다. 과연 임직원들은 해외에 있는 다른 임직원에게 메일을 보낼 것인가. 우리는 메일이 뻗어나가는 상황을 실시간으로 추적하고 있었는데 미국을 포함해 유럽 쪽은 계속해서 정체 상황이었다. 해외에 숨겨둔 풍선은 중국에서 처음으로 발견되었다. 그러나 이곳도 처음에는 쉽지 않았다. 중국의 경우에는 혜주법인 인사팀 과장이 풍선을 가지고 있었는데, 일반 직원이 인사팀 과장에게 풍선을 갖고 있냐는 메일을 보내기가 어려운 건지 그 사람에게 전혀 메일이 도착하지 않았다. 너무 어렵게 배치한 것은 아닌지 걱정이 되기 시작했다. 그러나 행사 시작 둘째 날, 한국 본사에 근무하는 중국인 사원이 중국 근무 직원에게 보낸 메일이 물꼬를 트면서 뻗어나가기 시작한 풍선 찾기 메일은 결국 인사팀 과장에게 도착했다.

그리고 또 하루가 지났다. 1월 19일 중국 이외의 법인에서는 풍선을 찾지 못하는 게 아닐까 걱정이 되었다. 이쯤 되면 참여자들의 열기가 급격히 떨어질 거라고 생각했기 때문이다. 그러나 이튿날 밤 12시 31분 미국 오스틴 법인에, 오전 8시 19분에 오스트리아 법인에, 그리고 마침내 오전 10시 36분 영국 법인의 유럽디자인 연구소 담당자에게 마지막 풍선을 찾는 메일이 도착했다. 47시간 만에 아홉 개의 풍선을 모두 찾은 것이다.

47시간 만에 전 세계에 숨겨진 풍선을 찾은 것도 놀랍지만 풍선을 찾는 데까지 거친 사람의 수가 평균 2.4명이라는 사실이 더욱 놀라웠다. 세 사람만 거치면 그 어떤 곳에도 메시지가 닿을 수 있다는 것을 밝혀낸 것이다. 조직의 힘을 통해서가 아닌 오직 개인과 개인의 연결의 힘을 통해서 말이다. 참여자 모두 흥분을 감추지 못했다. 이것은 개인 간의 연결이 발견해낸 혁명이었다.

조직의 구조를 뛰어넘는 관심 네트워크

삼성전자 직원들이 운이 좋았던 것은 아닐까? 1년 뒤 삼성생명에서 같은 방식으로 풍선 10개를 찾는 실험을 진행했다. 삼성생명은 금융회사 특성상 조직문화가 다소 경직된 것으로 알려져 있어 특히나 결과가 궁금했다. 하지만 걱정과 달리 불과 6시간 만에 모든 풍선을 찾았고, 삼성전자와 마찬가지로 풍선을 가진 사람에게 메시지가 닿는 데 2.4명 정도를 거쳤다.

결국 조직 네트워크에서 관심 네트워크로의 전환은 복잡성의 측면에서는 통제하기 어려운 불안의 요소임에도 특정 질문이나 과제의 답을 찾는 데에는 상상을 뛰어넘는 강력한 힘을 발휘한다는 것이 입증되었다. 때문에 이 실험은 국내외적으로 당시 많은 주목을 받았다. 삼성전자는 이후 지식관리시스템(KMS)을 집단지성시스템 모자이크(MOSAIC)로 진화시켰다.

네트워크에 존재하는 정보를 검색해서 찾는 것이 이제까지 조직의 지식관리 방식이었다면, 집단지성시스템 모자이크는 구성원들이 쉽게 질문하고, 쉽게 질문을 발견할 수 있도록 하는 방식이다. 쉽게 말해 사람에게 묻고 사람이 발견해서 사람이 대답하게 하는 것이다. 데이터베이스에서 필요한 정보를 검색해서 찾는 게 더 빠르다고 생각하겠지만 그렇지 않다.

예를 하나 들어 보겠다. 지금 내가 하는 질문에 머릿속으로라도 답을 떠올리면 나한테 지는 것이다. 절대로 답을 떠올려서는 안 된다. 준비됐는가?

당신의 이름은?

당신의 회사 이름은?'

다른 걸 물어 보겠다.

$2 \times 1 = 2$, $2 \times 2 = 4$, 2×3은?

당신의 머릿속에는 자동으로 답이 떠오를 것이다. 왜냐하면 인간은 질문에 반응하게 되어 있기 때문이다. 즉, 당신이 궁금한 것이 있다면 그것을 상대방이 인지하도록 해주면 된다. 우리는 답을 알면 대답하고 싶어지고, 정확한 답을 몰라도 어떻게 찾을 것인지 알기 때문에 상대에게 관련된 도움을 제공하고자 하는 동기를 갖게 된다. 관심 네트워크는 조직의 구조를 뛰어넘는다. 당신의 관심이 닿거나, 당신이 잘 아는 사람이라면 상대의 요청에 당신은 본능적으로 연결되고자 하기 때문이다. 그래서 연결은 당신 개인은 물론 조직과 사회에 혁신 그 자체가 될 수 있으며, 세렌디피티를 일으켜 변화를 가속하는 요인이 될 수도 있다.

우리의 시대에서
나의 시대로

2014년 5월 한 장의 셀카 사진이 인스타그램을 비롯한 주요 SNS 커뮤니티에 소개되면서 화제가 되었다. 이 사진은 한 젊은 여성이 세 명의 노인들과 함께 찍은 것으로 화제가 된 이유는 함께 사진을 찍은 사람이 마이크로소프트 창업자 빌 게이츠, 버크셔 해서웨이의 회장과 부회장인 워런 버핏, 찰스 멍거였기 때문이었다. 또한 이 소식을 전한 기사에 '세상에서 가장 비싼 셀피 사진'이란 제목이 달렸는데, 이는 이 세 명의 재산을 합치면 우리 돈으로 170조 원에 달해서였다.

다른 이유에서 화제가 된 셀카 사진도 있다. 생명을 다루는 병원에서 중요한 수술 도중 단체 셀카 사진을 찍어 논란이 되거나 운전 도중 셀카를 찍다 교통사고로 사망하거나 화재나 재난 현장에서 다른 사람들의 고통을 아랑곳하지 않고 셀카를 찍어 공분을 사는 경우…. 셀카 관련 기사가 연일 미디어를 통해서 다뤄지고 있었다.

한 여성이 빌 게이츠, 찰스 멍거 그리고 워런 버핏과 함께 찍어 화제가 된 셀카 사진

한국과 일본을 중심으로 인기를 끌었던 셀카 문화가 이제 '셀피'라는 이름으로 전 세계로 퍼져나갔다. 옥스포드 사전은 이미 2013년 올해의 단어로 셀피(selfie)를 다루었고, 〈뉴욕타임즈〉는 2014년 그해 최고의 발명품으로 셀카봉을 선정했다.

어느 순간부터 사람들은 타인이 아니라 자신의 사진을 찍는 것에 열광하고 있고, 나아가 집단 셀카도 유행처럼 번져나가고 있다. 페이스북, 트위터가 양강 체제였던 SNS 시장도 이제는 이미지 기반인 인스타그램과 핀터레스트 중심으로 재편되어가고 있다. 왜 갑자기 셀피 열풍이 불게 된 것일까?

관심의 대상에 닿고 싶다

CNN 방송에서 싱글들을 대상으로 '혼자 살면서 가장 아쉬운 것은 무엇이었는지'를 조사했다. 응답자의 대부분이 '친구'라고 대답했다. 재미있는 점은 싱글들이 친구가 필요하다고 대답한 이유가 대화를 나누고 싶어서가 아니라 자신이 지금 무엇을 하고 있는지, 기분이 어떤지를 친구에게 전하고 싶어서였다는 것이다. 친구가 무엇을 하는지 궁금한 것은 2차적인 반응이다. 나에게 기쁘고 행복한 일이 생겼을 때 그 순간을 수신할 상대를 원하는 것이다. 외로움은 자신의 메시지를 전달할 대상이 없을 때 느끼는 감정이다.

동시에 사람들은 자신이 관심 있는 정보에 닿고 싶어한다. 좋아하는 연예인은 물론, 인테리어나 패션 같은 관심 주제를 다루는 미디어나 사이트에 접속한다. 내 이야기를 전하는 동시에 나와 대화를 나누는 사람의 일상에 대해서도 궁금해하고, 특히 그와 내가 공유하는 관심사에 대해서는 시간 가는 줄 모르고 대화를 나눈다. 관심은 곧 에너지다. 연결될수록 더 동기를 느끼게 되고 더 연결을 지속하고 싶고 의미있는 것들을 담아내고자 한다.

원거리에 있는 상대와 대화를 나눌 때 내 의도를 확실하게 전할 수 있는 도구는 전화다. 그러나 사람들은 카카오톡과 같은 모바일 메신저로 대화하거나 워키토키처럼 음성을 남겨 상대방에게 전달하는 방식을 더 선호한다. 우스갯소리로 요즘 십대들이 가장 짜증낼 때는 '카톡하고 있는데 전화올 때'라고 하지 않던가.

인간은 내 뜻을 온전히 담아서 전하고, 상대가 이를 온전히 받아들이고 다시 피드백을 주는 형태의 대화를 선호한다. 그렇기 때문에 전화보다는 메신저를 더 선호하는 것이다. 그것은 사진과 동영상도 마찬가지다.

연결되어 있음을 느끼고 싶다

사람은 하루에 평균 1만 5,000개 이상의 단어를 말한다고 한다. 우리가 나누는 대부분의 대화는 일상에서 벌어지는 사소한 일에 대한 것이라고 한다. 시사 문제나 업무에 관한 이야기도 제법 될 것 같지만 사실 그렇게 많지는 않다. 우리가 나누는 사소한 잡담은 융통성이라고는 찾아볼 수 없는 상사에 대한 것이기도 하고, 오늘 아침 버스 안에서 목격한 황당한 장면, 변덕 심한 날씨에 대한 것이기도 하다. 가만히 상기해보라. 당신도 예외가 아닐 것이다.

사람은 매 순간 연결되어 있음을 확인하고 싶어한다. 끊임없이 누군가와 연결하여 내가 어디에 있고, 무엇을 하고 있으며, 무엇을 할지, 하고 싶은지 이야기하고 싶어한다. 연결되지 않으면 불안과 우울함에 빠진다. 우리에게 연결이 왜 중요해진 것일까?

어느 순간 모든 것이 연결되는 다이얼로그 시대로 진입해 버렸다. 우리는 이제 24시간 동안 언제 어디서나 연결이 가능한 세상에 살고 있다. 과거 어느때보다 자기가 가깝게 생각하는 사람에게 가까이 다가갈 수 있다. 그리고 앞서 말한 인간의 기본적인 욕구, 내가 누구인지, 내가 어디에 있는지, 서로가 어떤 느낌을 갖고 있는지를 끊임없이 전할 수 있다. 과거에는 소통 비용 때문에 제한적으로만 가능하던 것들이 상시적인 상태로 변모한 것이다. 인간의 사소한 특성인 것처럼 보이지만 그것들이 연결되고, 그 연결이 많아지자 이전과는 다른 상태로 변모하는 동인이 되었다.

1990년 이후 전 세계에는 국가의 경제 수준과 상관없이 디지털 혁명이 불어닥쳤다. 세계화 이후 무한경쟁의 소용돌이 속에 각종 전자기기들은 마음만 먹으면 큰 부담을 가지지 않고 소유할 수 있을 만큼 저렴해지면서 개인의 손안으로 스크린이 옮겨갔다. TV 시청은 물론 화상통화와 각종 메신저 기능이 담긴 휴대폰이 널리 보급되었고 카메라나 캠코더, MP3, PMP 등은 가지고 있어도 소유했다는 기쁨을 느끼기 어려울 정도로 보편적인 물건이 되었다.

사람들은 이제 TV를 보기 위해, 전화를 하기 위해, 대화를 하기 위해서 특정 공간에 모이지 않는다. 모바일 기기 또는 스마트 기기는 어느새 산업의 중심이 되었으며 스마트폰을 사용하지 않는 사람이 없을 정도이다. 누군가와 대화를 하고 있거나 열심히 업무에 몰입하고 있는 때가 아니면, 우리는 언제나 스마트폰을 통해 누군가와 연결되어 있다.

스마트폰만 있으면 누구나 손 안에서 세상을 들여다볼 수 있다. 하지만 아이러니하게도 드넓은 세상에 홀로 떠 있는 자기 자신을 그 어느 때보다도 극명하게 인식하게 되었다. 그 어느 때보다도 혼자임을 자각하게 된 것이다. 과거 우리는 가족 또는 나와 비슷한 사람들끼리 함께하는 공동체에서 살았지만 이제는 나와 너무나도 다른 사람들로 가득한 세상에서 끊임없이 외부에 보이는 자신의 모습을 자각하며 살아가고 있다. 그러다 보니 남들에게 내가 어떤 모습으로 보일지가 최고의 관심사가 된 것이다.

과거에는 안 튀고 평범한 것이 미덕이었다. 남들이 안 입는 옷을 입거나 다른 행동을 하거나 조금이라도 튀어 보이면 호되게 정을 맞았다. 그러나 이제는 자신만의 무언가를 만들어내야 하는 시대가 되었다. 또한 자기 자신을 의식하고 살아야 하는 시대가 되어버렸다. 나는 뭐지? 나는 지금 이 순간에 어떻게 해야 하지? 끊임없이 왜 나는 다른 사람에 비해 이 정도밖에 안 되는 걸까 하는 생각에 시달린다.

이러한 세태 속에서 우리는 점점 외로워질 수밖에 없다. 함께 있지만 모두가 혼자인 세상이다. 10년 전만 해도 휴대전화 없이, 문자 메시지 없이, 인터넷 없이 살아도 아무런 불편함이 없었다. 그러나 지금 우리는 하루라도 이것들과 단절되면 불안해한다. 인터넷이나 스마트폰은 우리 존재의 일부나 마찬가지가 되어버렸다. 우리는 완전히 연결되어 있지만 또한 완전히 홀로 존재한다. 이것이 현대를 살아가는 우리 모두의 모습이다.

인간의 생각은 단 하나의 통일된 세계관 안에 우겨넣을 수 없다. 사람들의 생각은 사람들의 수만큼이나 각각 다양한 스펙트럼을 지닌다. 그리고 그런 다양한 스펙트럼이 한데 어우러질 수 있는 환경이 갖춰지면 비로소 진정한 소통을 나눌 수 있게 된다. 개인화의 빅뱅이라고 해야 할까? 바로 이것이 우리가 지금 맞이하고 있는 연결이 만들어내는 혁명의 본질이다.

대화 속에 존재하는 사람들, 스마트폰과 커피

사람들은 스마트폰으로 모두 연결되어 있고 그들은 모두 SNS 속에서 살아간다고 해도 무방할 정도로 SNS가 일상의 중요 부분으로 자리 잡았다. 사람들이 가장 많이 다운로드 받고 빈번하게 사용하는 앱은 서로의 관심을 공유하고, 서로 대화를 나누는 연결 서비스들이다. 즉, 카카오톡이나 라인 또는 왓츠앱이나 위챗과 같은 모바일 메신저이거나 페이스북이나 인스타그램 등의 SNS 관련 앱이다. 배터리 소모의 가장 주범도 메신저 앱들이다.

글로벌 인터넷 플랫폼 회사들은 사용빈도가 높은 앱을 인수하거나 유사 서비스로 경쟁하기 위해 각축을 벌이고 있다. 대표적으로 페이스북은 사진 공유 SNS인 인스타그램을 1조 원에 인수한 후 메신저 서비스 왓츠앱을 무려 20조 원에 인수했다. 사람들은 대화 속에 존재한다. 메신저 앱은 이제 킬러 앱이라고 부르는 대신 플랫폼이라고 불러야 마

땅할 것이다.

검색하지 않고 발견한다

사람들은 이제 더 이상 정보를 검색하지 않는다. 대신 '발견'한다고
부르는 것이 더 적합하다. 2014년을 기점으로 각종 검색엔진에서 검색
을 하는 빈도보다 소셜네트워크를 통해 내가 팔로잉한 사람들의 글이
나 이미지, 동영상을 '발견'하고, '공감'하는 형태가 대등하거나 높은 수
준으로 변모했다. 실제로 당신이 스마트폰에서 사용하는 앱은 대부분

《 검색량을 앞선 소셜네크워크 사용량 》

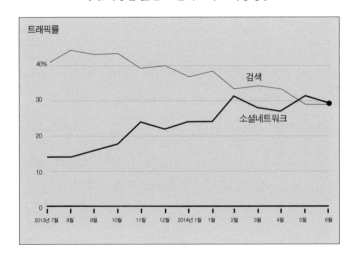

'발견'하는 일을 한다. 알람을 확인하고 내용을 들여다보거나 카카오톡으로 대화를 주고받다가 지인이 공유한 링크나 첨부파일을 확인하면서 세간의 이야기들을 확인할 것이다.

포털사이트에서 읽을 만한 기사나 관련 정보를 발견하는 것과 지금 말한 정보의 발견은 어떻게 다른 것일까?

무엇보다 당신의 관심 그룹에 의한 정보라는 점이다. 즉, 유사한 관심사를 가진 사람들끼리 주고 받는 이야기라는 점에서 차이가 난다. 관심 대상에 대한 정보는 일단 사람으로 하여금 린포워드(Lean-Forward) 상태로 능동적으로 참여하게 된다는 점에서 동일하다. 하지만 그것을 혼자 보는 것이 아니라 공유하고 대화한다는 점에서 근원적으로 다르다. 즉, 의식이 연결되는 것이다. 나의 관심이 연결된 상태에서는 상대가 주고 받는 정보를 훨씬 적극적으로 반응하고 참여하기 때문이다. 그리고 정서가 연결되기 때문이다.

중국 운난성의 보이차밭에 무슨 일이

운난성은 중국이 자랑하는 최고 품질의 보이차가 재배되는 지역이다. 보이차는 한 편(보이차를 세는 단위)에 30만 원씩이나 하는 고급차이다. 그런데 어찌된 일인지 중국인들은 보이차 밭을 갈아엎고 커피를 재배하고 있다. 중국인들이 본격적으로 커피를 마시기 시작했기 때문이다. 커피 수요가 늘어난 것은 단순히 취향의 변화로 국한되는 문제가 아니다. 중국인들이 길거리에 나와 커피를 마시기 시작했다는 것은 온라인을 통한 그리고 오프라인을 통한 연결의 서막이 펼쳐진 것이다.

17세기 유럽에 커피가 전파된 당시 유럽의 인구는 1억 명이었다. 지금 중국의 모바일 사용자는 13억 명이다. 스마트폰 가입자는 무려 8억 명에 이른다. 그리고 이들이 모바일로 하루에만 수조 개의 메시지를 주고받고 있다. 상하이를 포함해서 중국의 주요 도시들에는 연일 커피숍이 들어서고 있고 거리에서는 사람들의 연결이 댐이 터지듯 일어나고 있다. 하지만 스마트폰으로 연결된 중국인들의 만남은 결국 관심사의 연결을 가속화하며 새로운 제조시대를 여는 개방혁신 기술들을 커뮤니티 형태로 공유하고 확산하는 운동을 일으키고 있다.

중국 최대 전자상가 밀집지역이자 중국의 실리콘밸리로 불리는 중관춘을 포함하여 도시마다 커피숍과 각종 코워킹스페이스에는 창업을 꿈꾸는 이들로 들끓고 있다. 카페 게시판에 구인 게시물을 붙이면 아무리 길어도 3일 안에는 마음에 드는 고급 인력을 구할 수 있다. 중국의 대학생 중 300만 명이 넘게 창업에 뛰어들고 매일 1만 명의 대학생이 창업에 도전하고 있다는 소식은 이곳의 열기를 대변한다.

여기에 10억 명이 넘는 이용자를 가진 중국판 유튜브인 Youku, 중국의 TED라고 불리는 YiXi 등의 온라인 소셜미디어가 새로이 탄생하는 가치 있는 이야기들을 중국 전역으로 파급시키는 지렛대 역할을 하고 있다. 상하이와 베이징, 선전은 그야말로 국제도시가 되었다. 실리콘밸리가 중국으로 이동하고 있고 세계 혁신의 메카와 혁신가들이 중국 주요 도시로 몰려오고 있다. 8억 명이 매일 대화를 나누고 그들이 커피숍을 이용한다. 중국에서 제2의 커피 혁명이 일어나고 있는 것이다.

　어느 순간 우리 주변에 커피숍이 범람하기 시작했고 한 집 건너 커피숍이라고 말할 정도로 성행하고 있다. 1945년 해방 직후 우리나라 다방의 수는 60여 개에 불과했으나 커피 붐이 본격적으로 불기 시작한 2008년에는 커피 전문점이 4,000여 개로 늘어났고, 2013년에는 커피 전문점은 2만여 개, 매출은 5조 원을 넘어섰다. 그렇다면 우리는 언제부터 이렇게 커피를 좋아하게 된 것일까?

　취업 포털사이트 사람인의 조사에 따르면 커피를 마시는 주된 이유는 기분 전환과 휴식이었다. 흥미로운 점은 커피숍을 방문하는 이유다. 사람들이 커피숍을 찾는 가장 큰 이유는 커피숍이 '대화를 나누기에 좋은 공간'이며 '무언가를 하며 시간을 보내기 좋은 곳'이기 때문이다. 커피 자체를 마시기 위해서 커피숍을 이용하는 것이 아니라는 것이다. 이 말을 다시 풀면, 대한민국의 커피숍이 범람하는 이면을 이해할 수 있다. 사람들이 거리로 쏟아져 나와 대화를 나누기 위해서, 무언가를 하기 위해서 커피숍에 간다는 것이다. 그리고 그들의 손에는 모두 스마트폰이 들려 있다.

관심 네트워크가
정치를 바꾸다

2016년 2월 23일, 대한민국은 보이는 변화가 보이지 않는 변화를 만나고 있었다. 처음에 그것은 작은 정치적인 저항 정도로만 보였다. 국회의장이 테러방지법을 직권상정하자 야당이 합법적 의사진행 방해, 즉 필리버스터라는 무제한토론을 시작했다. 야당은 필리버스터로 과반을 차지하는 여당의 법안 처리를 막을 수는 없겠지만 최대한 시간을 지연시켜 여론을 일으켜보려고 시도한 것이다. 그런데 놀랍게도 필리버스터로 인해 엉뚱한 곳에서 새로운 인터넷 시대가 열렸다.

시민들은 유튜브나 아프리카TV와 같은 인터넷 방송사 채널을 통해 필리버스터 '생중계'를 시청했다. 언제 끝날지도 모르는 토론회를 공중파 방송사에서 중계할 리가 없지 않겠는가. 하지만 인터넷 방송사는 시간 제약 없이 상당히 저렴한 비용으로 송출이 가능하다. URL 주소만 있으면 인터넷에 접속 가능한 누구나 시청할 수 있다. 그런데 여기에 흥미로운 지점이 생겼다.

구글 유튜브는 최근에 버튼만 누르면 생방송을 송출할 수 있는 기능을 제공하기 시작했으며, 여기에 동시간 접속자들과 '채팅'을 하는 기능을 접목했다. 유튜브 주소를 입력하면 동시에 생방송 화면 한쪽에 채팅창이 열려서 영상을 보며 대화를 나눌 수 있도록 한 것이다. 처음 이 기능이 덧붙여졌을 때만 해도 이것이 특별한 부분이 될 것이라고는 아무도 예측하지 못했다. 시청자도 1,000명에서 많을 때는 5,000명까지 치솟는 정도였다. 그런데 필리버스터 중 야당 의원들이 이 기능을 적극 활용하기 시작하면서 일이 벌어진다.

'제가 여러분의 말씀을 이 방송을 통해 전해드리겠습니다. 여러분이 이 영상을 보거나 제 SNS 계정의 글을 읽으시다가 댓글을 남겨주시면 제가 읽어드리겠습니다."

장시간 발언을 하다 보니 이야깃거리가 소진되기도 했고 체력 역시 고갈되고 있었기 때문에 제안했을 것으로 짐작된다. 하지만 이것이 기폭제가 되었다. 사람들은 페이스북 등의 SNS에 자신의 의견을 남기기 시작했고, 의원들이 그 글들을 하나하나 읽기 시작한 것이다. 사람들은 이 부분을 흥미롭게 들여다보고 반응하기 시작했다. '어라, 진짜 읽어주네' 하며 그들은 자신의 블로그와 SNS 채널에 이러한 상황을 공유했다. '와 대박, 우리가 쓴 글을 다 말해준다! 이런 황당한 이야기까지 다 옮겨주네'라며 유튜브 생방송 주소를 그들의 계정에 올렸고, 이들의 글은 삽시간에 '친구의 친구'에게로 퍼져나갔다. 생방송 채팅방에서 사람들의 갑론을박이 이어지고 뜨거운 관심이 몰렸다.

이에 필리버스터 생방송의 시청자는 1만 명을 넘어섰고, 더 많은 사람들이 이 현장을 목격하게 하자는 제안이 나왔다. 네이버, 다음 같은 포털사이트에 '필리버스터', '필리버스터 ○○○ 의원'이 실시간 검색어 상위권에 오르게 만들기로 한 것이다. 1위부터 10위까지 실시간 검색어의 대부분을 필리버스터 관련 키워드가 차지하기에 이르렀다. 생방송 채팅창은 축제의 현장이었고, 트위터와 페이스북도 마찬가지였다. 시청자 수가 떨어진다 싶으면 더욱 힘을 합쳐 다시금 더 많은 사람들이 주목하도록 만들었다. 결국 시민들의 힘이 이 무제한 토론 현장을 100만 명 이상이 들여다보는 일대 사건으로 변모시켰다. 소셜미디어가 매스미디어를 완전히 대체하는 순간이었다.

하지만 여기가 끝이 아니었다. 비슷한 시기에 페이스북 역시 제한적으로 서비스를 선보이던 생중계와 채팅을 결합한 기능을 전면 공개했고, 카카오도 오픈 채팅이라는 기능을 열어 주소만 있으면 누구나 집단으로 또는 개별적으로 대화에 참여할 수 있는 서비스를 전면 개방했다. 과거 카카오톡 대화에 참여하려면 주소록에 등록되어 있는 아는 사람을 초대해야만 가능했지만 이제는 주소를 공유해 줌으로써 누구나 참여할 수가 있게 된다.

동영상 콘텐츠에 대화창이 포함되었다는 사실이 무슨 대수냐고 할 수도 있겠으나 이것은 새로운 미디어의 탄생이다. 정보와 사람들의 관심은 과거에는 별개의 존재였다. 하지만 이제 그것들이 결합된 새로운 형태의 지점이 성공 사례로 주목받은 것이다. 이성은 결론을 낳지만 감정은 행동을 낳는다. 사람들이 관심과 의식을 가지고 참여하는 지점은 그 자체로 에너지다. 노출횟수, 조회수, 시청자 수, 구독자 수를 넘어서서 관심에 동참하는 '참여자의 수'가 새로운 기준이자 지표가 된 것이다.

낙관적인 미래를 전망하자면 이제 세상은 더욱 들끓고 엮이고 넘치며 관심의 비즈니스가 확장될 것이다. 당신은 이 변화의 현장에서 일어나는 대화에 참여하고 있는가?

새로운 정치지형의 등장, 소셜 폴리틱스

2016년 미국 대선 결과는 그야말로 이변이다. 주요 언론과 각종 여론조사기관이 힐러리 클린턴이 도널드 트럼프를 확실하게 이길 것이라고 전망했다. 선거전은 인종차별과 여성혐오, 그리고 다양성과 진보라는 관점에서 충돌을 빚었고, 싸움의 결론이 난 것처럼 보였다. 때문에 트럼프의 승리에 미국인들은 우리가 미국을 잘 몰랐다는 반응을 보인다.

하지만 자세히 들여다보면 미국 대선 예측은 어느 시점부터 오류를 범하고 있었음을 알 수 있다. 대선 예측 실패는 이미 각 당의 예비선거에서도 모두 빗나가 있었기 때문이다. 심지어 지난 대선에 당선된 오바마 대통령 때에도 마찬가지였다. 2012년 갤럽을 포함한 미국 여론조사기관들은 롬니 공화당 후보가 분명히 이길 것이라고 예측했지만 보기 좋게 빗나갔고, 이에 갤럽은 2016년에는 대선의 승자 예측을 하지 않겠다고 선언했다.

비단 미국만의 일이 아니다. 한국도 마찬가지였다. 4.13 20대 총선의 격전지 여론조사는 대부분 빗나갔다고 말할 정도로 그 신뢰성에 심각한 타격을 입었다. 왜 매번 많은 비용을 들여가며 출구조사를 수행하고 과학적인 방법으로 예측을 하는데도 결과는 기대치와 자꾸 달라지는 것일까?

첫 번째 이유는 새로운 소통의 기술이 사람들에게 공공재로서 자리 잡고 있기 때문이다. 이제는 과거의 진보 대 보수의 대결과는 확연하게 다른 양상이 벌어진다. 양쪽 진영 모두 소셜 테크놀로지로 무장하고 격돌하기 때문이다. 보통 진보 진영이 기술의 변화를 적극적으로 수용하여 이를 선거 전략에 활용하며 상대를 공격하는 양상이 지배적이었으나, 이제는 모두가 기술과 전략에 있어 새로운 옷을 갈아입고 전면전에 나선다.

이미 카카오톡 사용자는 4,800만 명이 넘고, 국내 사용자만 3,860만 명이 넘는다. 정도의 차이는 있지만 나이에 상관없이 사람들은 메신저를 통해 연결되어 있고 적극적인 의사소통을 하고 있다. 또한 20대가 트위터나 페이스북 그리고 인스타그램을, 30대에서 50대는 카카오스토리와 네이버 밴드를 많이 사용하는 형태의 차이를 보이는 것이 특징이다. 즉, 온라인이나 오프라인으로 정치 진영이 구분되는 것이 아니라 각자의 연결 플랫폼을 이용하여 자신의 세력이 더 크게 연결되는 방식이다. 다시 말해 상대편을 비방하여 설득시키는 쪽보다도 자신이 지지하는 진영의 정책과 이념을 퍼뜨리고 거기에 공감하는 사람들이 더 연결되는 형태를 취한다는 것이다. 반면에 기존 여론조사는 이런 변화된 소통의 상황을 담아내지 못하고 있다.

두 번째로 온라인을 통해 평가되는 대세감의 착시효과다. SNS는 지극히 관심 네트워크 기반의 연결 구조를 취하고 있다. 즉, 당신과 비슷한 성향의 사람들 위주로 연결되어 있는 경향이 상대적으로 크다. 그래서 후보들이 박빙으로 접전이 붙은 경우, 진보 성향의 지지자들은 자신의 후보가 이길 것이라는 착각을 하게 된다. 게다가 《씽크(Think)》의 저자 마이클 르고가 말한 정치적 올바름(Political Correctness) 현상에 속기 때문이다. 쉽게 말하면 사람들은 일반적으로 자신의 솔직한 생각을 말하기보다는 '사회적으로 옳다'고 받아들여지는 생각을 말하는 경향이 있다. 실제로 본인은 다르게 생각할 수 있음에도 공개적으로 의견을 말할 때에는 중립적이거나 사회적으로 옳다고 생각하는 쪽을 드러낸다는 것이다. 남성 우월주의자가 대중 앞에서 여성을 혐오하고 있다는 입장을 밝힌다거나 미국 순혈주의자가 소수 이민족을 공개적으로 비난하지는 않는다는 것이다. 그들은 자신과 동질집단에 있을 때에만 솔직한 입장을 드러낼 것이다.

이렇게 사람들의 드러나는 견해와 실제 선택은 크게 다를 수 있다. 또한 SNS에는 본인과 유사한 성향의 사람들이 연결되어 있고 상대적으로 정치적 올바름 현상으로 진보와 다양성 쪽의 주장들이 보다 힘을 얻는 것처럼 보인다. 하지만 그들은 일면만 보고 있을 뿐이다. 여론을 제대로 파악하려면 양쪽 모두를 다 아우를 수 있어야 한다. 실제로 여론조사기관들의 미 대선 결과 예측이 대부분 빗나갔지만 제닉 AI(Genic AI) 사가 개발한 인공지능 모그 IA(Mog IA)는 트위터, 구글 페이스북, 유튜브 등 SNS 플랫폼에 포스팅된 2,000만 건의 데이터를 분석하여 데이터와 후보들과의 관여도를 분석했고 트럼프의 승리를 정확하게 예측해냈다. 대부분의 사람들이 온라인에서 일상의 많은 시간을 할애하고 있다 보니 온라인에서 사용하는 소통의 도구들과 그 데이터들을 모두 분석하여 예측하는 것이 가장 정확했다는 말이다.

세 번째는 정치적 논제를 주요 정당이 주도한다기보다 시민들에 의해서 움직여지고 있다는 점이다. 이른바 '당심이 아니라 민심이다'라는 말이 있을 정도로 어떤 사안을 이끄는 주체는 사람들의 소통이다. 동시에 나꼼수, 파파이스 등 매스미디어의 시청률을 훨씬 뛰어넘는 파격적인 형식의 정치 팟캐스트가 킬러 콘텐츠로서 위력을 떨치고 있다. 우리가 정치를, 사회를 아무리 바꾸려 해도 소용이 없는 이유는 기득권층이 그 구조를 장악하고 있기 때문이다. 하지만 온라인에 참여하는 사람의 수가 기존의 미디어가 가진 힘의 임계치를 벗어나면서 '많아지면 달라진다(More is Different)'를 실현하기에 이르렀다.

이제 기존의 정치가 새로운 구조에 압박을 당하는 상황이 연출된 것이다. 이러한 현상은 일시적인 것으로 보기에는 어려운 상황이 됐다고 평가받고 있다. 상황이 이렇다 보니 사람들은 정당 지지도에 대한 여론조사에 식상함과 피로감을 느끼게 된다. 시민들이 궁금해하는 것은 어떤 정당이냐에 대한 질문이 아니라 어떤 정책으로 자신들의 당면한 문제를 풀어줄 수 있는가이다.

이렇게 참여자들에 의한 시민 정치화를 나는 소셜 폴리틱스, 즉 솔리틱스(Solitics)로 정의하고자 한다. 소셜은 곧 민심 그룹이고, 솔리틱스는 정당 중심의 정치 경쟁이 아니라 민심 그룹의 집단지성으로 움직인다는 의미다. 때문에 정치전략을 단순한 정당 지지도나 지지성향에 대한 분석보다는 민심 집단이 어떤 이슈들을 더 많이 논의하는지, 어떤 방향성을 가지고 있는지에 대한 데이터 분석이 더 중요할 것이다.

지식정보사회를 넘어
관심연결사회로

정보의 파도를 넘어서자 그 너머에는 사람의 바다가 펼쳐졌다. 인터넷은 정보의 바다가 아니라 사람의 바다가 된 것이다. 기술의 발전은 발견과 연결의 비용을 혁신하면서 달려왔다. 세상은 이제 사람들의 관계를 통해 하루에도 수백억 건의 콘텐츠 공유가 일어나며 엄청난 정보들이 폭발적인 속도로 확산되는 시대로 진입했다. 전화나 문자가 기본 소통 수단이었던 것이 엊그제 같은데 카카오톡이나 페이스북, 트위터가 기본 수단으로 완전히 탈바꿈해 버렸고, 관심의 대상은 과거에서 현재로 크게 옮겨가고 있었다.

동시에 이런 현상은 사람들이 열광하던 대상을 '정보'에서 '지금 이 순간의 감정'으로 크게 이동하게 만든다. 그들이 주목하는 대상은 '지식'에서 '관심' 그 자체로 크게 바뀌고 있는 것이다. 남들이 뭘 하는지 모를 때는 남들이 그렇게 한다라는 데 자신을 맞추고 살았다. 이른바 대중의 시대였다. 하지만 남들이 뭘 하는지 알게 되면 정작 자신의 관심에 눈을 뜨게 된다. '와 재미있겠는데?', '나는? 나도 뭔가를 하고 싶은데…', '나도 뭔가 보여 주고 싶은데…'라는 생각을 하게 된다. 여기서 중요한 것은 정보가 아니라 '감정'이다. 언론에서 화제가 된 빌 게이츠 등 억만장자들과 한 여자의 셀카 사진에는 감동적인 메시지는 없다. 수술 현장에서 셀카를 찍고 비난을 받은 사진에도 곱씹어볼 만한 텍스트 정보는 없다. 그 사진들에는 단지 놀라움, 당황스러움 등의 감정이 담겨 있을 뿐이다.

그러나 여기서 우리가 놓치지 말아야 할 부분이 있다. 왜 이것이 확산되느냐 하는 문제다. 얼핏 셀카 사진만 올리는 것이 어떻게 관심 중심의 '우리'를 만들까 싶을 것이다. 그것은 서로를 향한 우리가 아니다. 관심 대상을 주목하는 관심 집단을 말하는 것이다.

인스타그램의 '해시태그'를 보자. 그저 멋진 사진을 올리는 것이 아니라 사진에 담긴 의미를 태그로 부여한다. 한 번쯤 꼭 가봐야 할 맛집, 데이트 장소 등의 태그로 자신이 찍은 사진들을 스스로도 다시금 모아서 볼 수 있게 한다. 분명히 자신을 위해서 한 행동이고 사람들과 공유하기 위한 행동이었지만, 이런 각자의 관심들을 동일한 해시태그로 묶어서 다시 볼 수 있게 만든다. 누가 찍었느냐에 상관없이 '한 번쯤 꼭 가봐야 할 데이트 장소'라는 태그는 제3자에게도 가보고 싶다는 관심을 불러일으킨다.

통신 기술은 나를 세상의 중심에 놓게 만들었고 자신이 중심이 되는 일상을 공유하게 만들었으며 그들이 표현하는 일상의 의미를 사람

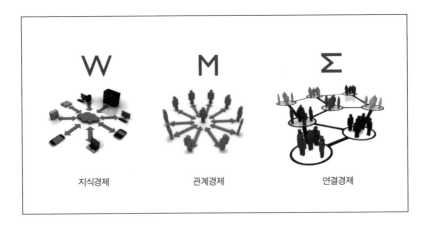

W	M	Σ
지식경제	관계경제	연결경제

들도 함께 참여할 수 있도록 만들었다. 그렇게 사람들은 자신의 관심으로 광장에 모여들고 있었다.

나는 이 흐름을 지식경제 시대에서 자기를 중심으로 관계를 형성하는 관계경제로, 그리고 관심에 따라서 이합집산을 하는 관심연결경제로 정의한다.

기존에 '우리(We)'의 세상에 '나(Me)'는 없었다. '나'는 사회조직 속에 익명으로, 그리고 기능적 요소로 존재했다. 나의 생각보다 집단의 생각이 중요했고, 대중 속에서 '나'는 튀는 것이 부담스러웠다. 우리는 대중의 모습으로 살아온 것이다. 하지만 '나'의 세상에서는 나와 관심사를 함께할 수 있는 사람들과의 관계가 중요하다. '그거 괜찮은데? 나도 그렇게 생각했어. 같이 하자'와 같은 작은 동기로 사람들이 뭉치고 그들끼리의 공동 목적을 실현한다.

We 속의 Me에서 Me들끼리의 새로운 We가 만들어진다. 하나의 우리가 아니라 저마다의 우리로 새로운 단계로 나아가는 것이다. 다이알로그 시대로 접어든 사람들은 이제 자신의 일상을 기록하고 사진이나 동영상을 찍어 그들의 네트워크에 공유한다. 트위터, 페이스북 등의 관계망 기반의 SNS 서비스는 핀터레스트나 인스타그램과 같은 관심을 공유하는 형태로 변모하고 있다. 일상의 모든 경험이 이제 디지털로 연결되었고, 그 경계의 구분 역시 모호해지고 있다. 사람들은 검색하는 대신 SNS를 통해 자신의 관심 대상의 사람들이 올린 정보들을 발견한다. 세계는 지식정보사회를 넘어 관심연결사회로 완전히 변모했다.

관심 네트워크 에너지 방정식

우리는 언제 열정적이고 주도적으로 행동할까? 주도성(autonomy), 전문성(mastery), 목적성(purpose)을 가질 때다. 주도성은 우리 삶의 방향을 스스로 결정하고 싶은 욕망이고, 전문성은 의미 있는 것을 좀 더 잘하고 싶은 욕망이며, 목적성은 우리 자신보다 더 큰 무언가를 향해 나아가고 싶은 욕망이다.

주도적으로 자신이 잘할 수 있는 것을 하면서 세상에 의미 있는 사람이 되고 싶다는 것. 우리는 그런 것을 찾고 싶어 하며, 그런 일을 하고 싶어 한다. 사람들은 이 세 가지 중 어느 하나라도 충족되면 그 일에 대해 평소 이상의 에너지를 들여 관심을 갖고 참여한다.

인간관계 전문가 레스 기블린은 "사람은 누구나 이기적이다, 사람은 누구나 다른 사람보다 자기 자신에게 관심이 많다, 사람은 누구나 다른 사람으로부터 존경과 인정을 받고 싶어 한다"라고 했다. 우리는 타인에게 온전히 수용되고(Acceptance), 인정받고(Approval), 가치 있는 존재로서 공감을 얻고자(Appreciation) 하는 욕망을 가지고 있으며, 이러한 기본적 욕구가 충족된다면 사람들은 기대치를 뛰어넘는 능력을 발휘할 것이다. 내적인 에너지를 끌어낼 뿐 아니라 자신을 적극적으로 드러내고 사람들과 협력을 시도하며 주도성을 드러낼 것이다. 인간의 이러한 특성이 발휘될 수 있는 환경이 조성된다면 다른 에너지 흐름이 만들어질 것이다.

연결은 에너지다. 사람은 남들이 무엇을 하는지 모를 때는 그들이 무엇을 하는지 알고 싶어한다. 생존에 중요한 것은 정보이며, 그 지점으로부터 소외되지 않기를 바란다. 그래서 사람은 대중의 모습으로 살아간다. 하지만 남들이 무엇을 하는지 알게 되면 이제는 자신을 투영하게 되고 본인이 어디에 서 있는지 어디로 가야 하는지를 의식한다. 세상에 아무리 많은 금은보화가 있다 한들 그것이 자신에게 의미가 없으면 무슨 소용이 있겠는가. 자신이 무엇을 좋아하는지 어디로 가고 싶은지를 인지하면 그때부터는 자신과 관심을 함께 공유하고 실현할 집단을 형성하고 싶어지는 법이다.

과거에는 서로 연락하고 만나고 소통을 지속하는 것이 쉽지 않았다. 하지만 지금은 그런 것들이 자연스럽게 해소가 되면서 공동체의 범람이라고도 할 수 있을 만큼 개인들의 다양한 네트워크가 생겨나고 있다. 내가 잘하는 것, 좋아하는 것, 의미 있는 것들을 내적 동기 삼아 스스로 참여하고 지지하며 활동을 키워간다.

이 시대에 중요한 것은 그래서 에너지버스다. 같이 탈 수 있는지

'마인드(m)'가 중요하고, 함께 연결되고(Connected), 자기주도(Control self-driven)로 커뮤니티(Community)를 만들고, 채널(Channel)을 만들어 소통하며(Communicate) 협력하는(Collaborate) 등 수많은 C로 대변되는 활동들을 키워가는 것이다. 나는 이것을 에너지에 관한 아인슈타인의 상대성 이론을 차용해 공식으로 정리해 보고자 한다. 에너지는 관심이며, 각자의 관심사를 함께하는 사람들의 수에 기하급수적으로 비례한다. 다음은 관심연결경제의 새로운 방정식이다.

$$E = mC^2$$

Energy = mind of interest × Connection^2

앞에서 언급했던 운동장에 모인 100명의 사람을 다시 상기하자. 앞뒤 옆으로 내가 모르는 사람들이 있다면 사람들은 우두커니 가만히 서 있을 것이다. 하지만 만약 앞뒤 옆으로 내가 아는 사람이거나 관심사가 같은 사람이라는 것을 알았다면 당신은 기회가 닿는 대로 대화를 시도할 것이다. 당신은 친한 사람 한 명 또는 몇 명만 인근에 있어도 다른 상태가 된다. 인접한 관심이 서로 닿기만 해도 모두가 모르는 사람일 때보다 훨씬 큰 에너지를 갖게 된다.

다시 말해 관심의 참여자가 10명일 때와 20명일 때는 에너지가 그저 두 배가 아니라 그 이상이 된다. 만약 모여든 사람들의 수가 100명이 아니라 1억 명이고, 10억 명이라면 어떻게 될까? 그것은 분명 이전에 우리가 알고 있던 대중의 시대와는 완전히 다른 모습일 수밖에 없다.

정서적 동질성이 확보되었을 때 우리는 같은 기차에 올라 탄다. 처음 기차를 탄 사람들은 산발적으로 대화를 나눈다. 이런 약한 연결에서의 소통은 처음에는 얼핏 보기에 시끄러운 잡음처럼 들릴지 모른다. 하지만 이내 서로에게 필요한 이야기의 접점을 찾게 되고 정보를 주고받으면서 친밀해져 주고 받는 정보의 외적인 요소들에 관심을 가진다. 이때부터는 상대의 존재 자체가 중요한 요소가 된다. 함께하는 사람 자체에 애착이 생기고 그의 경험과 감정에 동참하게 된다. 그러면서 알게된다. 상대의 경험과 지식을 내 것으로 가져오는 것보다 상대를 나와 연결하는 것 자체가 더 중요하다는 것을.

산수를 못하는 사람이 미적분을 단번에 이해할 수는 없다. 많은 시간을 들여 처음부터 기초를 쌓아가는 것보다는 그것을 잘하는 사람에게서 배우는 것이 효과적이다. 서로를 연결하기 시작하면서부터 사람들은 이제 자신을 먼저 개방하기 시작한다. 서로를 먼저 내 보이기 때문에 정서적 공감대가 일어나고 이내 마인드셋이 형성된다. 이 과정에서 공감대가 일어나지 못하는 사람들은 스스로 다른 공감을 찾아 떠난다. 마인드셋이 형성되면 사람들은 적극적으로 도움을 나눠주며 상호협력(Collaboration)하게 된다. 이때부터는 서로가 나누는 것들은 더 이상 정보로서가 아니라 암묵적 지식(Knowledge)으로서 만나게 되고 동시에 경험을 공유하는 형태로 만나게 된다. 비슷하지만 서로의 다름이 곧 가치이며 그 다름의 연결이 뜻하지 않은 행운인 세렌디피티를 만들어 낸다. 그래서 더 많은 연결을 만들수록, 더 많은 채널이 만들어질수록, 더 적극적으로 협력할수록 그들의 연결이 만들어내는 가치는 기하급수적으로 커진다.

지금 우리는 이런 기차에 올라탄 것이다. 기차에 탄 사람들은 각자가 가진 정보들은 지식과 지혜로 발전시키고, 그들은 서로 협동하고 협력하며 함께 가치를 창조해 내기 시작한다. 이는 단순히 일시적인 것이 아니다.

사라진 대중,
그들은 어디로 갔을까

온라인 게임으로 선풍적인 인기를 끌었던 스타크래프트의 게임리그가 펼쳐졌다. 코엑스 3층 전시관에 4,000명이 넘는 관객이 모여들었고 TV 생중계가 진행되고 있었다. 최종 결승을 앞두고 당시 인기 여자가수 손담비의 축하공연이 진행되었다. 주최측은 공연으로 분위기가 고조될 것이라 예상했으나 참가자들의 반응이 기대만큼 뜨겁지 않았다. 손담비가 두 곡을 부른 뒤 앵콜곡이 이어지자 달가워하지 않는 사람들도 꽤 있었다.

축하공연이 끝나자 오히려 분위기가 뜨겁게 달아올랐다. 게임 대회의 결승 도전자가 무대에 올라오자 장내는 뜨거운 환호성으로 가득했다. 게임컨퍼런스에 모인 이들에게 스타는 손담비가 아니라 게이머였던 것이다.

이제 사람들은 자신이 좋아하는 분야에서 스타를 찾는다. 이러한

현상은 미국에서도 마찬가지다. 한국에서도 유명한 영화배우 톰 크루즈는 미국의 십대들에게는 아놀드 슈왈제네거나 실베스터 스텔론이나 마찬가지로 흘러간 배우일 뿐이다. 인터넷 세대인 그들이 매스미디어 시대의 스타를 모르는 것은 어쩌면 당연한 일이다. 인기검색어 상위권에 톰 크루즈 같은 배우들이 비집고 들어갈 틈이 없다.

2009년 음악전문채널 엠넷(Mnet)에서 시작된 대국민 공개 오디션 프로그램 〈슈퍼스타K〉는 케이블방송의 역사를 새롭게 쓰며 그 이름처럼 슈퍼스타로 등극했다. 〈슈퍼스타K〉는 시즌1이 최종 시청률 8.4%를 올리고, 2010년 시즌2에서 18.1%로 시청률이 치솟아 지상파방송에 몰려 있던 특급 광고주가 눈독을 들이는 방송으로 등극했다. 시청률이 높은 프로그램에 대형회사의 광고가 몰리는 것은 당연한 이치다. 게다가 〈슈퍼스타K〉의 주 시청자는 상품의 구매욕과 구매력이 모두 높은 10대부터 20대까지이다 보니 광고 효과를 배가시키기에는 더 없이 매력적인 프로그램이었다.

2011년 시즌3이 시작되고 〈슈퍼스타K〉 제작진은 물론 광고주들에게 당황스러운 상황이 펼쳐졌다. 시청률이 눈에 띄게 뚝 떨어진 것이다. 20%에 육박하던 시청률은 여전히 강세라고는 하지만 10% 초반으로 반토막이 났고 2012년으로 넘어가서는 그마저도 10% 이하로 곤두박질 치고 2013년에는 2%대까지 떨어졌다.

〈슈퍼스타K〉의 인기가 시들해진 것일까? 유사 오디션 프로그램이 많아져서 시청률이 분산된 것일까? 많은 뉴스 매체들은 〈슈퍼스타K〉가 시청자가 원하는 콘텐츠를 제대로 만들지 못했기 때문이라며 프로그램 내부에서 원인을 찾았다. 그런데 정말 그럴까?

〈슈퍼스타K〉가 탄생한 2009년만 해도 사람들은 주로 TV를 통해 케이블방송을 시청했다. 시즌2의 경우에도 이것은 크게 다르지 않았다. 하지만 시즌3로 넘어오는 시기 2011년부터는 완전히 달라졌다. 2011년 한국에서 기념비적인 사건이 일어났다. 바로 스마트폰 가입자 수가 폭발적으로 늘어나 4월에는 1,000만 명을 돌파하고 6개월 후인 10월에는 1,000만 명이 늘어 국민의 절반 가까이 스마트폰을 이용하기 시작한 것이다.

스마트폰 사용자의 증가는 그저 단순한 문제가 아니다. 2,000만 명에 달하는 LTE 서비스 가입자를 들여다보면 〈슈퍼스타K〉의 시청자 층과의 상관관계를 추측할 수 있다. LTE 요금제가 도입되면서 사실상 인터넷을 무제한 사용할 수 있게 되었다. 이에 더해 통신사들이 경쟁적으로 확충했던 자체 와이파이 서비스로 사람들이 인터넷 동영상을 부담 없이 시청하게 된 것이다. 〈슈퍼스타K〉의 주 시청 연령대는 10대 후반을 시작으로 20대와 30대였다. 그리고 LTE 가입자의 연령 비율 중 2, 30대가 50%에 육박했다.

〈슈퍼스타K〉의 시청률과 스마트폰 가입자의 증가율을 병치해서 다시 들여다보자. 2011년 중반을 기점으로 시청률이 꾸준하게 떨어진 것은 시청자들이 〈슈퍼스타K〉를 떠났기 때문이 아니었다. 기존의 집계에는 달라진 시청 양상이 반영되지 않았던 것이다. 사람들은 더이상 안방에서만 방송을 보는 것이 아니었다. 그들은 어디에서나 콘텐츠를 소비할 수 있었다. 사람들의 시선이 TV와 컴퓨터 모니터에서 모바일의 스크린으로 크게 이동한 것이었다.

채널 사업자인 CJ E&M은 이 순간을 바로 알아차렸다. 그리고 기존의 TV광고 유치가 큰 문제에 빠졌음을 깨달았다. TV광고는 2,30대를 타깃으로 하는 광고를 전략적으로 배치하고 있었지만, 정작 안방에서 TV를 보고 있는 주 시청자는 그들이 아님을 이해했기 때문이었다. 〈슈퍼스타K〉 시즌3는 8월과 11월 사이에 방송되고 있었다. 이 기간에 스마트폰 사용자가 2,000만 명을 돌파했다. CJ E&M은 곧바로 방송을 온라인 채널에 공개했고 이듬해부터는 인터넷 생중계를 제공했다. 그리고 모든 것이 달라졌다.

오늘날 대부분의 지상파TV와 케이블TV 프로그램들은 TV뿐만 아니라 유튜브 등의 온라인으로 생중계는 물론 프로그램의 흥미로운 부분들을 짧은 클립으로 만들어 적극적으로 배포하고 있다. 소비자들에게 비용을 청구하는 대신 각 영상물 단위로 광고를 노출하여 광고주에게 판매 수익을 취하는 형태로 말이다. 대표적인 한류스타 싸이는 '강남스타일' 유튜브 영상의 조회수가 무려 20억 뷰를 넘어섰고, 영상에 대한 광고 수익만 50억 원이 넘었을 정도다.

사람들은 이제 안방에 앉아 있지 않다. 그들은 어디에나 있다. 그리고 어디에서나 콘텐츠를 소비한다. 기존의 전통적인 미디어는 이런 에너지들을 집어낼 수조차 없고, 당연히 이것을 수익으로 연결할 수 없는 상황에 돌입한 것이다.

마케팅 패러다임의 전환, 소비자에서 사용자(youser)로

사람들이 관심에 따라 보다 밀접하게 연결되면 될수록 세상을 이해하도록 도와주던 미디어들, 기업들이 제공하던 정보나 도구의 가치는 떨어지고 사람들끼리의 네트워크가 기하급수적으로 커져만 간다. 우리는 이미 관심연결경제에 접어들어 있음을 경험으로 알고 있다.

당신은 이제 제품이나 서비스를 선택할 때 광고에 의존하기보다는 주변 사람들에게 물어보거나 SNS를 확인할 것이다. 포털사이트에서 검색을 해봐야 광고성 웹페이지나 홍보성 글로 도배되어 있다 보니 먼저 사용해본 사람들의 경험담을 참고하는 것이 더 합리적이다. 당신이 오늘 경험한 것에 대해 솔직한 평가를 남기면 그것이 모여 평판이 된다. 나는 이런 개인들의 잉여인지들이 모인 실체를 기존의 소비자나 고객과 대비되는 개념으로 유저(youser)라고 부를 것을 제안한다. 개별 사용자로서의 유저(user)라는 말보다 당신과 연결되어 있는 이들의 실체로서

의 사용자로 구분하는 것이 보다 본질이 담긴 표현이라고 생각하기 때문이다. 사람들은 보다 연결되었고 이들끼리의 연결이 만들어지는 영향력은 이제 기존의 미디어를 압도하기에 이르렀다. 기업들이 기존에 고객에게 도달하기 위해 광고를 하고 브랜드를 만들고자 애쓴 것들에 비해 사용자들이 만들어내는 입소문과 평판이 더 큰 힘을 가지기 때문이다.

사람은 어떤 특정한 무엇인가가 아니라 우리 자신의 내면에서 끊임없이 비롯되는 트라우마나 내적인 열망, 호기심, 궁금증에 의해서 움직이는 존재들이다. 그것들이 연결되었을 때 만들어지는 에너지는 그야말로 놀라울 정도이다. 바야흐로 관심의 연결이 경제가 되는 시대로 진입한 것이다. 이것이 소위 대중의 시대에서 다양성의 시대로 넘어가게 만드는 동인이 된 것이다. 결국 사람들의 관심에 의한 연결, 관심 네트워크가 그것이다.

광대역 모바일 인터넷 서비스가 열리자 모든 것은 그 전과 완전히 달라졌다. 당장 TV 시청률은 곤두박질쳤다. 이제 사람들은 TV를 켜서 특정 채널을 돌리라고 말하는 대신 특정 콘텐츠를 언급하며 그것을 바로 접근할 수 있는 URL을 공유하기 시작했다. 사람들은 자신이 원할 때면 언제 어디서든 자유롭게 고화질로 시청하기 시작했고 그 활동과 느낌을 SNS에 공유하며 더 많은 이들이 동참하게 만들었다. 기성 미디어는 이 흐름에 대응할 수가 없었다. TV를 통해 방금 전에 본 재미있는 프로그램을 아무리 소개해도 전국 곳곳에 흩어져 있는 사람들이 안방으로 뛰어들어가지 않는 이상 경험을 함께하게 할 방법이 없었다.

트위터가 국내에 본격적으로 소개되던 2009년경만 해도 모바일로는 텍스트와 이미지 위주로 콘텐츠를 소비했다. 하지만 광대역 인터넷 시장이 완전히 열리면서 모바일 콘텐츠는 이미지, 오디오, 동영상 위주로 재편되었다. 미디어의 범주에 들어가지 않는 팟캐스트가 1,000만 조회수를 넘어서며 기성 미디어의 시청률을 압도하고 있다. 인터넷을 통해서 자유롭게 시청할 수 있는 TED 컨퍼런스 같은 강의 콘텐츠의 조회수는 미디어의 그것을 넘어선 지 이미 오래이며, 80%가 스마트폰을 통해서 콘텐츠에 접근할 정도로 미디어 소비의 중심은 완전히 광대역 모바일 서비스로 넘어갔다.

이제 우리는 아침부터 밤까지 카카오톡을 주고받고 무수히 많은 고화질의 미디어 콘텐츠를 소비하며 친구들과 실시간으로 경험을 나눈다. 내 현재 위치를 알기 위해 두리번거리며 이정표를 찾는 대신 지도 앱으로 내 위치를 확인하고, 스마트폰으로 결제를 하는 데도 익숙해졌다. 많아지면 기존에 우리가 열광하던 것들 자체가 이렇게 변모해 버리는 것이다.

고객의 제품 인지 방식이 바뀌다

다이알로그 선언은 비즈니스 세계에서는 어떤 의미가 있을까?

기업은 제품과 서비스를 고객들에게 어필하기 위해 엄청난 마케팅 비용을 지출한다. 정보홍수의 시대, 고객이 브랜드를 인지하고 선택하게 만들기 위해 유통과 미디어 플랫폼을 구축하는 데도 적지 않은 비용이 든다. 상식적으로는 좋은 제품이 고객에게 선택되고 사랑받겠지만 현실은 상식대로만 돌아가지 않는다.

간단한 예로 당신이 읽고 있는 이 책도 마찬가지다. 독자들은 어떻게 책을 발견하게 될까? 가장 흔한 경우는 온라인 또는 오프라인 서점의 베스트셀러 코너를 통해서일 것이다. 일주일에 수백 권의 책이 출간되지만 당신은 베스트셀러 목록에 오른 10권 혹은 100권 중에서 당신이 읽을 책을 고르는 것이다. 그렇다면 그 책은 어떻게 베스트셀러가 되었을까? 출판사는 독자에게 '발견'될 수 있도록 서점에 광고를 했거나 언론에 노출될 수 있도록 활발한 홍보 활동을 벌였을 것이다.

고객이 상품을 인지하고 그 상품이 소구하는 지점을 발견하여 구매 의사를 느껴 선택하는 과정, 이것을 마케팅에서는 아이다(AIDA) 모델이라고 부른다. AIDA는 Awareness(인지), Interest(관심), Desire(욕망), Action(행동)의 앞 글자를 딴 것으로 이 단어들은 제품이나 서비스가 고객에게 인지되고 판매되기까지의 과정을 보여준다.

제품을 구매하기까지의 모든 과정이 기업에 중요하지만 가장 많은 비용이 들어가는 부분은 제품을 인지하게 만드는 단계다. 그런데 다이알로그 선언으로 고객의 제품 인지 방식이 새로운 국면으로 접어들었다. 사람들은 더 이상 나와 상관없는 매체에서 하는 광고를 신뢰하지 않는다. '우리'의 관심에 모여들고 '우리'의 관심을 이야기한다. 당신이 SNS에 메시지를 남긴다면 누가 읽을까? 당연히 친구관계이거나 관심

그룹의 사람들이 읽을 것이다. 여기에 드는 발견 비용은 상당히 낮다. 만약 사용자들의 버즈를 증폭시킬 수 있다면 기업은 세일즈의 혁신을 기대할 수 있다. 그렇게 되면 기업은 제품 인지에 들어가던 비용을 고객과의 관계와 관련된 다른 부분으로 옮겨 지출하게 될 것이다.

관심 기반의
유통 구조가 탄생하다

2015년 6월 카카오는 카카오톡에 검색서비스를 추가했다. 대화 입력창 오른쪽에 샵(#) 버튼을 누르고 검색어를 입력하면 곧바로 인터넷을 검색할 수 있게 한 것이다. 대화 중에도 언제든지 자신이 검색하고 있는 화면을 대화 상대에게 전송해 함께 들여다볼 수 있으며, 맛집이나 약속 장소 등을 알려주고, 제품을 추천할 수도 있다. 반면에 농구공, 노트북, 화장품 등을 검색하면, 검색결과에 추천 제품이 뜨고 바로 구매 가능한 가격비교 정보도 제공한다. 함께 들여다보고 이용할 만한 가게의 정보나 위치와 같은 생활정보뿐 아니라 카카오톡 내에서 제품 구매까지 진행할 수 있는 것이다. 쇼핑서비스를 대화의 영역으로 포함시키려는 작은 시도인 셈이다. 뿐만 아니라 샵 버튼만 누르고 키워드를 입력하기 전에는 상단에 추천 검색어가 뜨는데 이것은 해당 시점에 주요 뉴스와 관련된 키워드 일부와 특정 기념일 등에 구입할 만한 상품과 관련된 키워드를 담고 있다. 따라서 세간의 화제가 되는 소식을 손쉽게 검색하여 함께 공유할 수 있음은 물론, 대화 상대가 필요로 하는 물건을 곧바로 선물할 수도 있다.

카카오톡 대화창에 검색 기능과 상품 구매 기능이 추가된 것을 두고 별것 아니라고 치부해서는 안 된다. 검색과 구매 경험은 원래 개인적인 것이다. 하지만 대화창에는 혼자만 있는 것이 아니라 상대가 존재한다. 함께 대화하고 있을 때 나누는 관심과 에너지는 혼자일 때와는 다르다. 두 사람이 공통의 관심으로 연결되어 있는 상태에서의 대화는 실제로 행동으로 이어질 가능성이 보다 높기 때문이다. '여기 맛있는 것 같아, 주말에 여기 한번 가 볼까?' 상대가 동의하면 혼자서 검색할 때보다 행동으로 이어질 가능성이 높을 수밖에 없다. 즉, 카카오샵은 관심을 비즈니스로 연결하는 시도라고 할 수 있다. 카카오샵의 성장과 성공 여부와 상관없이 대화의 채널을 새로운 가치로 연결하는 시도를 주목해야 하는 이유다.

비즈니스의 역사는 유통 혁신의 역사라고 해도 과언이 아니다. 과거에 생산자와 소비자 사이에는 총판에서부터 도매, 소매라는 기본적인 부가가치 구조가 존재했다. 하지만 시장 경쟁이 치열해지면서 유통단계를 혁신하는 창고 할인매장이 등장했다. 국내에서는 1993년 신세계 이마트 1호점이 개장하면서 1,000원짜리 물건을 700원에 살 수 있게 되었다. 총판에서 도매로, 도매에서 소매로 유통구조가 단순화되면서 중간마진이 줄어들었기 때문이다. 유통업자와 생산업자 입장에서는 큰 차이가 없어 보이지만 창고형 할인매장의 등장으로 소비자는 300원 더

싸게 구입하게 된 것이다. 시장은 일순간 대형마트 중심으로 재편되었고, 대형마트 간의 유통 경쟁이 치열해졌다. 그리고 20여 년이 지났다.

인터넷이 발달한 지금은 유통시장에 케이블TV 홈쇼핑과 온라인 쇼핑몰이 가세했다. 마트가 손안으로 들어간 것이다. 전화 한 통을 걸거나 마우스를 몇 번만 클릭하면 원하는 물건을 대형마트와 동일하거나 더 싼 값으로 집에서 받아볼 수 있다. 그러나 이 역시 경쟁이 심화되어 오전에 주문하면 당일 오후에 배송되거나 원하는 시간을 지정해서 받을 수 있는 수준으로 발전했다. 심지어 인터넷을 통해 주문하면 오프라인 매장에서 주문할 때보다 더 많은 할인과 각종 혜택이 제공되면서 유통은 빠른 속도로 온라인 중심으로 재편되고 있다. 온라인으로 주문하는 것이 훨씬 편리할 뿐 아니라 합리적인 선택이 된 것이다. 결국 온라인 쇼핑의 매출액은 대형마트의 매출액을 넘어섰고 대형 백화점 매출액을 두 배 이상 앞지르는 수준으로 성장했다.

그리고 이 모든 것들은 또다시 손안에 들어왔다. 전화나 유선인터넷으로 하던 행동을 스마트폰의 앱으로 하는 데 익숙해졌다.

여기가 끝일까? 메신저 앱은 전자상거래를 하고, 금융거래를 하는 플랫폼이 되었다. 카카오톡은 카카오 쇼핑몰부터 카카오택시, 카카오드라이버, 카카오헤어숍까지 오프라인 서비스의 허브 역할을 하고 있다.

금융의 질서도 바꾸고 있다. 중국인들은 상품 결제를 신용카드 대신 위챗의 QR코드로 결제한다. 또한 개인간의 소액 송금도 위챗으로 간편하게 처리할 수 있다. 카카오도 카카오머니 서비스를 시작했고, 왓츠앱 메신저도 송금 기능을 도입했다. 모바일 메신저는 결국 새로운 형태의 은행이자 금융으로서의 본격적인 전개를 앞두고 있는 것이다.

어쩌면 유통의 중심에 있던 기존의 온라인 쇼핑몰들은 카카오톡과 같은 모바일 메신저에 검색 결과를 제공하는 개별 주체가 될 수도 있다. 하루종일 카카오톡을 사용하는 사람이라면 카카오의 영향을 받지 않을 수 없다. 대화에 유통을 포함시킬 수 있는 모델의 시도로 보는 관점이다. 즉 다윗과 골리앗의 재회가 일어날 수 있는 지점이다. 우리는 대화 속에 존재한다. 하지만 이것이 전부는 아니다. 일반적인 검색서비스는 개인적인 것이었다. 반면에 사람들이 대화를 나누며 검색하고자 하는 주 대상은 개별 개인과는 다르다. 즉, 맛집이나 멋집 검색처럼 여러 사람이 참여할 수 있는 무언가인 것이다.

관심의 연결은 에너지라는 점을 기억하자. 결국 개인보다 대화에 참여하는 이들이 함께 찾고자 하는 대상은 행동으로 이어질 가능성이 더 높다. 그 에너지를 가장 잘 담아내고 있는 것이 바로 모바일 메신저이다. 때문에 기존의 시장에서 시도되었고 자리잡았던 수많은 비즈니스들이 대화 속으로 이동할 것이라는 전망은 자연스럽다. 때문에 앞으로 우리가 볼 혁신의 모습은 이전에 있었지만 대화 속에서 다시금 등장하며 새로워지는 형태일 것이다.

앞으로는 어떻게 될까? 당연히 네이버 라인을 비롯해서 중국의 위챗을 포함한 여러 연결 플랫폼들이 카카오톡의 샵(#) 검색과 같은 서비스를 선보일 것이고 포털의 전성시대가 펼쳐졌던 것과 마찬가지로 새로운 모바일 검색 포털이 본격적으로 등장할 것이다. 관심연결경제는 이제 본격적으로 우리 앞에 다가올 것이다.

새로운 유통의 구조는 카카오톡뿐만이 아니다. 소비자에서 유저가 된 사람들은 유통의 단계에서 마케팅 부분에도 의문을 제기하기 시작했다. 나는 광고를 보지 않는데 왜 그 비용을 내가 부담해야 하는가 의심하던 사람들은 이제 우리가 사줄 테니 광고비는 빼달라, 또는 우리가 광고를 해줄 테니 우리한테 광고비를 달라고 요구하는 단계에 이르렀다. 전자는 이미 일반화된 공동구매 모델이고, 후자는 회원직접판매 모델이다.

공동구매는 사용자들이 연합해서 제품을 대량 구매하는 것으로, 기업은 광고마진이나 유통마진을 뺀 가격에 제품을 판매한다. 회원직접판매는 회원들의 소비를 그룹 매출로 간주하여 매출실적에 따라 최대 35%까지 다양한 방법으로 매출이익을 분배하는 방식이다. 이 두 모델은 과거에는 시장에서 작은 영역을 차지했다.

하지만 공동구매의 경우 쿠팡 같은 대형 온라인 쇼핑몰로 진화했다. 쿠팡이 공동구매 모델이었음을 모르는 사람도 많을 것이다. 품목이 많아지고 구매자들이 늘어나 일반 온라인 쇼핑몰과 다르지 않아 보이기 때문이다.

회원직접판매 모델도 지속적으로 성장하고 있다. 암웨이, 허벌라이프, 뉴스킨, 애터미 등의 대표적인 직접판매회사의 매출은 해마다 10% 가까운 성장을 거듭하고 있다. 일부 사람들의 선입견에도 불구하고 이들 기업의 매출이 성장하는 것은 기본적으로 제품의 품질이 신뢰받는다는 점과 커뮤니티로 구성된 유저에 의해 전달된다는 점 때문이다. 직접판매기업은 그들의 제품과 보상 계획이 일반적인 마케팅에 의

존하는 대신 사용자들의 평판에 의존하기 때문에 마케팅보다는 제품의 품질 안정성과 향상에 비용을 집중하는 경향이 있다. 지식정보시대에는 이 점이 취약성으로 작용했으나 사용자들의 평판이 우세해지면서 직접판매 모델이 다시 주목받게 된 것이다. 분명한 것은 공동구매나 직접판매처럼 사용자들이 주도하는 유통 모델은 계속해서 성장할 것이라는 점이다.

관심 네트워크 안에
블루오션이 있다

무한경쟁시대에는 이미 포화된 레드오션 영역에서 싸우느니 아직 발견되지 않은 블루오션을 찾아 새로운 기회를 모색해야 한다는 주장이 많았다. 관심연결경제의 도래로 이런 주장이 빛을 잃어가고 있다.

이제 사람들은 나도 모르고 관심집단도 모르는 영역이 아니라 내가 좋아하고, 나를 둘러싼 공동체 역시 관심을 가지는 영역에 참여한다. 미지의 영역을 쳐다보는 대신 관심의 영역을 바라본다는 것이다. 아무리 광고를 해도 이미 관심이 닿지 않은 기업이나 개인은 그 존재 자체도 모르기 십상이다. 사람들은 자신이 좋아하고 관심을 가지는 이들과의 연결 속에서 가치를 발견하고 그들과 무언가를 함께하고 싶어 한다.

진짜 블루오션은 레드오션 속에 있다. 사람들이 모여있는 곳에 기회가 있는 것이다. 내가 있는 위치에서 사람들을 바라볼 것이 아니라 그들 가운데로 들어가 기회를 발견해야 한다.

우리나라에서 유동인구가 가장 많은 곳, 사람들이 가장 많이 오가는 곳은 어디일까? 특히 주말이나 명절에 폭발적인 유동인구 수를 기록하는 곳은 어디일까? 이런 질문을 하면 당신은 강남역이나 서울역을 떠올릴 것이다. '유동'은 곧 가치다. 우리가 새로운 가게를 차릴 때 목 좋은 곳에 가게를 내야 한다고 말하는 것처럼 유동은 경제적인 가치와도 직결된다. 위 질문에 대한 답은 고속도로이다. 좀더 세분화하면 주말이나 명절에 24시간 동안 사람들이 오고가는 곳은 고속도로 휴게소다.

사람들에게 고속도로 휴게소는 어딘가로 이동하는 길에 주유를 하거나 화장실을 이용하거나 간식을 먹는 정도의 장소다. 그런데 다르게 생각한 기업이 있었다. 덕평랜드는 휴게소를 그저 경유하는 곳이 아니라 머물고 싶은 장소로 만들고 싶다고 생각했다. 영동고속도로에 위치한 덕평휴게소는 그 자체로 테마파크다. 물길, 산책길, 연인들의 데이트 코스, 아이들이 애완동물과 신나게 뛰어놀 수 있는 놀이 공원, 각종 아울렛은 물론 다양한 형태의 레스토랑과 맛집들이 가득하다.

덕평휴게소는 이곳에 들어서는 사람들이 여기가 휴게소라는 사실을 잊어버리게끔 설계되어 있다. 이곳이 그저 단순한 경유지가 아니라는 점은 남자 화장실에 들어가 보면 알 수가 있다. 바로 소변기다. 소변기 근접감지센서 자리에 격투기 같은 화면의 게임기가 설치되어 있다. 보통 남자 소변기는 근처에 오면 센서가 인식해서 물을 내리는 정도의 기능적인 도구에 지나지 않는다. 하지만 이곳의 소변기는 다르다. 이것은 남자가 볼일을 보면, 그 동안 이 사람이 얼마나 세게 누는지, 그리고 얼마나 오래 누는지를 측정한다. 그리고 그것을 이전 이용자와 실시간으로 비교를 한다. 이용자는 아무 생각없이 볼일을 보다가 경쟁방식이라는 사실에 깜짝 놀라며 즉시 배에 힘을 더 주고 게임에 임한다. 상대가 강하면 강할수록 더욱 승부욕이 발동한다. 게임은 내가 볼일을 끝냈을 때 함께 종료된다. 종료 시 게임기는 내 경기 결과를 보여준다. 승부에서 진 사람은 반드시 다시 들러서 승부하겠노라고 다짐한다. 이긴 사람은 전투에서 승리한 자의 표정으로 정말 멋진 휴게소라고 생각하며 화장실을 나선다.

중요한 점은 덕평휴게소를 이용한 사람들이 여기서 느낀 재미를 혼자만의 추억으로 간직하지 않는다는 것이다. 친구들에게 자신의 경험을 전하고 그들이 관심을 가지도록 설득한다. 자발적으로 휴게소를 홍보해주는 사람들 덕분에 덕평휴게소는 사람들 각자의 관심과 욕구를 담을 수 있는 공간을 만들기 위한 노력만 기울이면 된다.

이처럼 관심연결경제 시대에는 레드오션이냐 블루오션이냐는 중요하지 않다. 광고를 하지 않아도 사람들이 자발적으로 관심을 갖고 주변 사람들에게 확산시켜줄 만한 가치를 만들어낼 수 있느냐에 성패가 달렸다.

시대를 막론하고 사람들은 각자가 가지고 있는 관심사와 연결된 것에서 가치를 느낀다. 사람은 자신이 관심을 가지는 것에 많은 사람들이 공감할수록 내적동기가 높아지는 존재다. 관심방정식($E=mC^2$)을 기억해보자. 우리의 내적 에너지는 각자의 관심사를 함께하는 사람들의 수에 기하급수적으로 비례한다. 당신이 지금 하고 있는 일을 친구가 알아줄 때, 가족이 알아줄 때, 사회나 미디어가 관심을 가지고 칭찬해줄 때 동기부여가 되는 것과 마찬가지다. 저마다의 관심사로 크고 작은 다양한 관계가 만들어진다. 그리고 그들은 그 관심을 지속하며 가치를 만들어내고 소비하고 확산시킨다.

"사람들에게 배를 만들게 하고 싶거든, 그들에게 목재나 일감을 가져다주는 대신 넘실거리는 바다를 그리워하게 해라."

－앙투안 드 생텍쥐페리

제5장

4차 산업혁명의
퍼펙트스톰이
몰려온다

왜 4차 산업혁명에
주목해야 하는가

영화 속에서나 가능하다고 생각했던 인공지능과 로봇이 현실이 되어 우리 일상생활로 들어오고 있다. 트위터, 페이스북, 구글, 바이두 등 글로벌 IT기업들은 딥러닝이라는 기계 학습 분야와 로봇 제어 및 제조 관련 회사를 인수하기 위해 치열한 경쟁에 돌입했으며, 자체 기술을 확보하기 위해 공격적으로 투자하고 있다.

특히 구글은 바둑 분야 세계 최강자인 이세돌 9단과 인공지능 컴퓨터 알파고와의 대국을 전 세계로 생중계하여 인공지능에 대한 관심을 불러일으켰다. 인공지능이라는 말도 한몫을 했다. 기계학습이나 딥러닝 대신 사용된 '지능'이라는 말은 기술에 대한 이해가 없는 사람이 보면 마치 기계가 인간과 같은 지능을 지닌 것으로 생각하게 만든다. 알파고의 경우도 수학적으로 경우의 수를 따지며 바둑을 두는 프로그램일 뿐이지만 사람들의 눈에 지능을 가진 컴퓨터와 인간이 대결하는 것

처럼 보이게 한 것은 구글의 묘수였다.

알파고 덕분에 구글의 모회사인 알파벳의 시가총액이 58조 원이나 급증했으니, 인공지능에 대한 관심이 얼마나 뜨거운지는 더 이상 말할 필요가 없을 것이다. 게다가 비슷한 시기 미디어에 소개된 자율주행 기능의 무인자동차나 자유자재로 비행하는 드론, 각종 재난 현장에 투입될 로봇은 우리 앞에 새로운 변화의 물결이 다가오고 있음을 예감하게 한다.

구글의 무인자동차는 2012년 5월 8일 네바다 주에서 첫 번째로 운전 면허 획득에 성공한 이래 불과 2년 만에 112만 킬로미터를 주행하는 데 성공했다. 이는 지구를 25바퀴 이상 돈 거리에 해당한다. 무인자동차는 자율주행 중 사고를 냈음에도 인간이 운전하는 것보다 훨씬 안전하다는 의식이 확산되고 있다. 구글뿐 아니라 테슬라 등 대형 자동차업체들이 잇따라 진일보한 자율주행 자동차를 선보이고 있다. 차량공유 서비스업체 우버는 발 빠르게 볼보와 자율주행 택시를 계획하고, 자율주행 트럭업체를 인수하려 하고 있다. GM 역시 동종의 차량공유서비스업체인 리프트와 손잡고 자사 브랜드의 택시 운영에 박차를 가하고 있다.

이에 따라 자율주행자동차가 대중화되면 택시나 화물차 기사를 포함해 물류 운송과 관련된 사람들의 일자리가 사라질 것이라는 우려가 현실화될 전망이다.

드론과 로봇 분야에서도 각축이 벌어지고 있다. 드론의 경우 사람이 일일이 조종할 필요 없는 전자동 시스템이 개발되어 언제 어디서든

최적의 각도로 촬영하고 장애물을 피하며, 목적지까지 안전하게 다녀오는 기능을 선보이고 있다.

소니는 1999년 애완견 로봇 아이보를 출시하며 반려 로봇 시대를 열고자 했으나 사업 부진으로 2006년 시장에서 철수했었다. 2016년 소니는 10년 만에 인공지능과 로봇을 두 축으로 가정용 로봇 사업을 재개하기로 했다.

소프트뱅크 역시 중국의 전자상거래업체 알리바바, 대만의 전자제품 제조사 폭스콘과 합작하여 사람의 감정을 이해하는 감정 로봇 페퍼의 대량 생산체제를 갖출 계획을 세웠다. 페퍼는 2015년 6월 7,000대를 판매하여 커피 매장과 가정용품 매장, 금융권에서 일을 시작했고, 독거노인 말벗용으로도 활용되면서 완성도를 높여가고 있다. 현금자동인출기(ATM)의 등장으로 은행권에서 인력 구조조정이 가속화되었듯 페퍼가 대량생산되면 단순한 서비스업 분야에 진출할 가능성이 높다.

가정용 로봇뿐 아니다. 미 국방성은 일본 후쿠시마 원전 사고를 계기로 2013년부터 인간을 대신해 재난 지역에 투입해 장애물을 걷어내고 불을 끄며 누출된 가스를 잠그는 등의 과제를 수행하는 재난 구조 로봇 기술을 경합하는 대회를 매해 개최하고 있다. 이 대회는 상금이 200만 달러가 넘을 정도로 규모가 크다.

이는 모두 정보기술과 전자기술 기반의 3차 산업에서 인공지능과 로봇 등의 사이버 피지컬 시스템, 즉 4차 산업으로 변화하는 가운데 일어나는 현상이다. 하지만 변화는 급작스럽게 일어나지 않는다. 사람들의 일상에 완전히 자리 잡아 공공재처럼 우리 주변에 많아질 때 새로운 단계로 도약하는 것이다. 우리가 혁명이라고 이름 붙이는 것들은 혁명은 기술 개발에 의해서가 아니라 일상에서 사용자들이 셀 수 없을 만큼 많이 선택할 때 비롯된다. 당신의 주변에는 얼마나 많은 로봇이 있는가. 나는 얼마나 인공지능의 영향권에 속해 있는가. 대답하기 어려울 정도로 느끼지 못할 것이다.

인간의 특성과 딥러닝

왜 최근 들어 인공지능과 로봇 등의 4차 산업혁명이 화두로 떠오른 것일까? 이에 대해 이야기하기에 앞서 인간의 특성을 이해할 필요가 있다.

당신은 오른쪽 그림의 단편만 보고도 어떤 회사의 로고인지 인지할 수 있다. 인간은 전체 그림의 일부 패턴만 보고도 그것이 무엇인지를 쉽게 구별해내는 능력이 있다. 음성도 마찬가지다. 누군가가 당신의 이름만 불러도 그가 누구인지, 심지어 상대가 어떤 심리 상태인지를 알 수 있다. 그러나 인간에게는 너무나도 자연스럽게 일어나는 일들이 컴퓨터에겐 엄청난 도전이다. 현존하는 슈퍼컴퓨터조차 개와 고양이를 스스로 인지하는 데 어려움을 겪는다. 인간이 무슨 기준으로 이것들을 인지하는지 인간 스스로도 몰랐기 때문이다.

컴퓨터는 알다시피 미리 조건을 설정해 두고 입력값에 따라 반응을

결정하는 논리 도구다. 그렇다면 컴퓨터가 개와 고양이를 구별하게 하려면 값을 어떻게 설정해야 하는 것일까? 털의 색깔이나 곱슬거리는 모양? 입이나 귀의 모양? 어떤 조건을 입력해도 쉽지 않다. 개라는 동일한 품종에 대해서도 경우의 수가 다양하기 때문에 인간이 그 세부적인 기준을 설정하는 것은 불가능하다고 보는 것이 맞다.

인간이 처리하는 감각정보의 80%는 시각이 차지하고 있다. 인간의 망막은 초당 30장 이하의 사진을 찍고, 한 장의 사진은 컴퓨터로 따지면 3억 바이트 정도를 사용한다. 이는 1초에 17기가바이트를 처리할 정도의 엄청난 용량이다. 기계라면 이 용량을 저장하는 것만도 어려운 일이며 방대한 데이터 속에서 패턴을 찾아내는 것은 슈퍼컴퓨터의 연산 능력도 따라갈 수가 없다. 하지만 인간은 별도의 명시적인 훈련 없이도 대상을 즉시 구별해낼 수 있다. 인간은 방대한 데이터를 저장하고 사후 분석하는 것이 아니라 데이터를 효과적으로 처리하는 다른 방식을 취한다고 보는 게 합리적이다. 그러니 컴퓨터에게 판단의 논리를 입력하는 것보다 인간의 인지 원리를 알아내고 그것을 학습시키는 편이 더 낫다. 즉, 인간을 연구하는 게 더욱 올바른 접근 방법인 것이다.

딥러닝은 사물에 대한 인간의 인지가 앞서 설명한 대로 도형, 명암, 색상 등의 우선 인식 방식의 체계를 가지고 있다는 점에 주목하여 1980년대부터 시작된 연구다. 그러다 2004년 인지심리학자이자 컴퓨터 과학자인 제프리 힌튼 교수가 새로운 딥러닝 기반 학습 알고리즘을 제안하면서 돌파구가 마련되었다.

인간의 논리 활동은 대뇌피질이라는 곳에서 이루어진다. 그런데 이 대뇌피질을 더 자세하게 분석해 보니 무작위로 모든 세포들이 연결되어 있는 것이 아니라 특정한 기능을 담당하거나 특정한 기억을 저장하고 있는 부분들이 기둥 형태로 모여 있다는 것을 알게 되었다. 뇌세포들이 뇌피질의 가장 바깥쪽 부분에서부터 안쪽까지 세 개에서 여섯 개의 층으로 분리 배열되어 있었던 것이다. 그리고 이 층은 단순한 것에서부터 점점 더 복잡한 것을 인식할 수 있게 쌓여 올라가는 모양이었다. 맨 아래 계층에서는 단순한 점들이 직선의 형태를, 중간에는 부분적인 형태를 나타내고, 결국에는 전체적인 형상을 인식하도록 역할이 나뉘어 있다는 뜻이다. 즉, 인간은 기본적인 점·선·면을 통해서 대상을 인지하고, 그것을 조합해서 조금 더 복잡한 것들을 파악하며, 뇌는 이 과정을 반복적으로 처리하는 것이다.

지금까지 두뇌의 정보처리 논리를 살펴보았다. 두뇌의 정보처리 논리가 밝혀진 뒤에는 인간처럼 대상을 분명하게 인식하는 방법을 학습시킬 수 있는 방대한 샘플 데이터와 고성능 프로세서가 필요했다. 불과 얼마 전까지만 해도 컴퓨팅 성능과 데이터 저장이 문제를 처리하기에는 턱없이 부족했다. 하지만 많아지면 달라진다. 컴퓨팅 성능과 데이터 저장 및 처리 수준이 마침내 임계 수준을 돌파하면서 딥러닝의 시대가 열렸다. 처리할 수 있는 진보된 알고리즘이 있고, 컴퓨팅 파워가 있었다. 기계를 학습시키는 데 필요한 다양한 현실 세계의 데이터가 필요했다. 단순히 사진이나 동영상만 많다고 되는 것이 아니라 무엇을 찍은 것인지, 어떤 상황에서 촬영한 것인지에 대한 기본적인 정보가 충분히 필요했다. 여기에 기가 막힌 데이터들이 존재했다.

인간의 언어를 인지하는 컴퓨터

2007년 4월 구글이 흥미로운 시도를 한다. 우리나라의 114에 해당하는 GOOG-411(4664-411)을 개설하고 무료로 전화번호 안내 서비스를 시작한 것이다. 사용자가 GOOG-411에 전화해 상호를 말하면 기계가 전화번호를 안내해 주는 서비스로, 무료라는 특징 때문에 많은 사람들이 이용했다. 검색업체인 구글은 왜 이 서비스를 시작하게 된 것일까?

구글은 미국에서 살아가는 전 세계인들의 음성을 수집하여 음성인식기능을 개선하고 있었다. 당시에는 기계가 사람의 언어를 인지한다는 것은 불가능하다고 알려져 있었다. 음성은 지문과 같아서 똑같은 단어를 말하더라도 그것을 녹음한 디지털 데이터는 조금씩 달랐기 때문에 기계가 사람의 언어를 인지하는 데는 어려움이 있었다. 때문에 얼마나 많은 사람의 음성 데이터를 수집해서 학습을 시켜야 하는 것인지, 그리고 과연 음성 인식 기술이 인간의 뇌가 하는 수준으로 발달할 수 있을지 알 수 없었다. 사람들을 데려와 음성을 녹음한다 하더라도 시간과 비용이 얼마나 들지 측정하기도 쉽지 않은 일이었다. 구글이 발상을 전환한 지점이 바로 여기였다. GOOG-411은 전국적으로 사람들의 음성을 제공받아 기계를 학습시키는 시스템이었던 것이다. 이를 통해 엄청난 양의 음성 데이터를 분석하여 완전한 화자 독립의 음성인식 기능을 개발했다. 3년간의 데이터를 축적한 구글은 2010년 11월 해당 서비스를 중지한다. 그리고 완벽한 수준의 음성인식 기능을 확보한다.

일상을 인지하다

구글은 한편 사람들이 찍은 사진에 대해서도 마찬가지 작업을 시도한다. 텍스트가 아닌 그림을 검색하는 서비스를 시작한 것이다. 길거리를 지나가다가 자신이 본 것이 무엇인지 알고 싶으면 사진을 촬영해서 구글 이미지에서 검색하면 일치하는 이미지를 나열해준다. 전 세계인의 음성을 수집한 것과 같이 이 서비스도 사람들이 찍은 사진을 수집하는 과정에서 진화한 것이다.

사람들은 자신이 찍은 사진을 태깅이라는 방법으로 해당 사진의 의미가 무엇인지를 기록하여 블로그는 물론 피카사, 플리커 등의 사진 공유 서비스에 올려둔다. 마찬가지로 구글 이미지에서 어떤 이미지를 검색하면 그 이미지는 구글 서버에 저장된 유사한 이미지들을 찾아내어 검색 결과로 제공한다. 사람들은 무의식적으로 검색 결과로 나타난 것들 가운데 자신이 찾는 것을 다시 지정해서 그것을 자세히 보려고 한다. 이 과정에서 다양한 각도와 부분의 유사성을 가진 이미지들의 강화가 일어나게 되고, 사진의 정확도가 낮더라도 보다 쉽게 그것이 무엇인지를 알아낼 수 있게 된다. 구글은 이런 방법으로 전 세계 스마트폰 사용자로부터 사진을 입력받아 스스로를 진화시키고 있었던 것이다.

그리고 마침내 이 모든 것들을 압도하는 신기원이 열렸다. 바로 SNS시대가 열린 것이다. 페이스북은 전 세계 10억 명 이상의 사람들이 자신들의 일상을 업로드하고 서로를 태그하도록 했다. 사람들은 스스로 자신이 찍은 사진이 무엇인지, 누구인지를 표시했고 그 대상에게 알림이 전해지도록 하여 보다 밀도 있는 관계를 형성하기에 여념이 없었다. 그러면 그럴수록 페이스북은 막대한 빅데이터의 폭발적인 샘플 데이터들을 확보했고 이를 학습시키는 데 활용했다. 마침내 웬만한 사진들은 별도로 누구의 사진인지 지정하지 않아도 페이스북이 자동으로 태그를 걸어줄 정도로 학습의 수준은 강화되었다.

페이스북의 니콜라 멘델슨 부사장은 페이스북에서 동영상을 업로드하고 시청하는 규모는 1년 사이에 8배씩 성장하고 있다고 밝히며, 5년 이내 페이스북에서 글자가 사라질 것이라고 전망했다. 페이스북의 자회사로 편입된 사진 공유 SNS 인스타그램은 2016년 6월 사용자가 5억 명을 돌파했고, 그 중 1억 명은 1년 이내에 늘어난 수치다. 인스타그램 사용자 중 하루에 한 차례 이상 업로드하는 사람은 3억 명이며, 하루 평균 9,500만 개의 사진과 영상이 올라오고, 사진과 영상은 대부분 유관 SNS에서도 공유된다. 그야말로 텍스트 위주로 정보를 포스팅하고 검색하던 시대에서 사진과 동영상을 생산하고 소비하는 시대로 완전히 이동한 것이다.

인간은 연결되고 싶어하는 욕구를 가지고 있고, 맥락에 반응하는 것에 특화되어 있다. 앞서 말한 바대로 인간이 처리하는 감각 정보의 80%는 바로 시각이다. 즉, 글자를 읽고 해석하여 맥락을 재구성해서 반응하는 것보다 시각적으로 맥락을 바로 처리하는 것이 빠르고 직접적이다. 사람들이 찍어 올리는 사진의 대다수에는 그것을 설명하는 글자가 없지만 인간은 사진을 찍는 순간부터 그 사진의 맥락을 담아낸다. 특별한 모임을 기억하기 위한 것이든, 내가 지금 먹고 있는 맛있는 음식을 자랑하기 위해서든, 영상 안에 지금 나의 감정을 표현해내는 데 익숙하다. 이런 맥락은 글자로는 도저히 표현할 수가 없다. 상대가 나를 아련한 표정으로 바라보고 있다 하더라도 그것은 그 사진을 직접 보며 느끼는 감정과 글자로 느끼는 감정은 근본적으로 다른 것이다.

SNS의 주요 수익모델은 광고다. 불과 몇 년 전까지만 해도 사람들은 자신의 생각이나 느낌을 '글'로 적어서 올리거나 게시물에 댓글을 다는 형태로 참여했다. 때문에 사용자들이 작성하는 글 속에서 그들의 관심을 발견하고 텍스트와 관련된 광고들을 노출하는 방식이었다. 이른바 키워드 광고 모델이다.

SNS에서 사람들은 자신의 관심과 삶을 공유한다. 일상을 찍고, 관심의 대상을 촬영해서 올리고 그것에 관해서 서로 공감하고 피드백을 나눈다. 당연히 텍스트가 주가 아니라 사용자들이 올리는 사진과 동영상이 주가 되었고, 텍스트는 오히려 이렇게 업로드한 것들이 무엇을 의미하는지, 누구를 가리키는지를 태그하는 용도 정도로 바뀌고 있었다.

SNS 공급자 입장에서는 이제 사용자들이 올리는 텍스트가 아니라 사진과 동영상에 담긴 맥락을 찾아내서 관련 광고를 제공하는 것이 더 중요해졌다. 사람들이 업로드하는 일상이 무엇인지를 인지해야 보다 효과적인 맞춤 광고를 제공할 수 있기 때문이다. 공교롭게도 SNS 사용자들이 업로드한 방대한 영상 자료와 사용자들이 직접 표시한 메타 데이터는 딥러닝을 비약적으로 성장시키는 먹이가 되었다. 즉 우리가 삶을 공유하기 시작하면서 인공지능도 함께 도약하게 된 것이다. 우리 사회가 지식정보사회에서 관심연결사회로 진보했고 기술이 그것을 따라가고 있는 것이다. 다시 말해 기술이 우리를 압도하는 것처럼 보이지만 동시에 우리가 기술을 견인하고 있는 것이다.

IT라는 것은 처음에 인터넷을 통해 정보를 검색하는 용도로 사용했다. 그러나 이제는 아날로그 세계에서만 하던 행위들, 예를 들어 음악을 듣고 사진과 동영상을 촬영하면서 발생하는 모든 것들이 디지털 세상으로 넘어왔다. 다시 말해 유용한 정보들을 생산하고 열람하고, 의사결정에 필요한 정보들을 가공해서 처리하는 것이 중요하던 시대에서 일상의 경험이 기술의 가치 중심으로 이동한 것이다. 즉 우리가 보고 듣고 느끼는 것과 그것을 어떻게 공유하고 확산시키는지, 우리의 관심을 추적하는 것이 비즈니스의 핵심으로 부상하게 된 것이다.

우리는 현실세계에서 먹고 사랑하고 살아가는 이 삶 자체를 온라인에 공유하기 시작했다. 이제는 모든 것들이 온라인의 대화 속에서 존재한다. 그리고 2016년, 개별적으로 존재하던 유통조차 대화 속으로 끌어들이기 시작할 것이다. 매장을 돌아다니는 대신, 온라인으로 개별 쇼핑몰로 접속하는 대신 우리를 대화 속에 존재하게 만드는 온라인 플랫폼에서 자동적으로, 직관적으로, 그리고 일상으로서 말이다. 그렇게 세계는 관심이 비즈니스 모델이 되고, 관심을 연결하는 것으로 기술을 견인하는 순환을 만들어내고 있다.

바로 이 지점에서 인공지능이 본격적으로 성장하고 있고, 이렇게 축적된 기술을 바탕으로 로봇과 바이오 등의 유관 산업 역시 성장하고 있다. 이런 시도는 점차 우리가 상상하지 못한 수준으로 진보할 것이다. 즉 우리의 일상이 보다 연결되고, 그 연결이 만들어내는 새로운 지평으로 가는 지점을 4차 산업혁명이라고 부르는 것이다. 이것이야말로 모든 것들이 연결될 때 일어나는 거대한 변화의 실체이다. 아날로그와 디지털의 경계가 완전히 사라지며, 가상의 세계가 더욱 현실의 세계에 영향을 미치며, 현실이 가상으로 스며드는 새로운 지평으로 말이다.

새로운 인문학을 만나라

모든 것은 연결성을 강화하는 방향으로 압력이 주어진다. 연결의 촉매는 인터넷이다. 우리는 지금까지 유선과 무선을 통해 디지털과 아날로그를 연결해왔고 마침내 지식정보사회 디지로그에서 관심연결경제 다이알로그로 나아갔다. 연결은 네트워크 내의 정보나 경험에 그치지 않고 현실 세계에서 접하고 상호작용할 수 있는 모든 것들이 연결의 범주로 확장되고 있다. 세상에 존재하는 모든 물리적인 것들이 연결이라는 영역에 들어오고 있다. 그게 이른바 사물인터넷이다. 네트워크를 통해서 각종 센서와 다양한 기계들로 연결의 대상이 넓어진 것이다.

사물인터넷이란 무엇인가? 현관문을 열면 조명이 켜지거나 자동차에 다가가면 전조등이 켜지는 것도 사물인터넷일까? 이런 것들은 사물인터넷이 아니라 센싱하고 반응하는(Sensing and Actuation) 센서일 뿐이다. 사물인터넷은 여기에 두 가지 특성이 더 추가된 것이다. 바로 사물

과 사물이 서로 연결되어 있으며, 연결된 것들 간에 상호작용을 한다는 것이다.

사물인터넷 회사 매직에코의 최형욱 대표는 사물인터넷이 실현되는 시대를 SCAT의 시대라고 표현했다. SCAT이란 인지하고(Sense), 연결하여(Connect), 그 속에서 반응하게 하고(Actuate), 그런 데이터들을 연결했을 때 발견 가능한 새로운 가치들을 생각하는(Think) 것이다. 스캣(scat)은 루이 암스트롱이 연주를 하다가 악보를 떨어뜨리자 악보를 주워 연주를 망치는 대신 주변의 음악에 맞춰 즉흥 연주를 한 것을 일컫는 재즈 용어이기도 하다.

SCAT의 시대라는 말을 다시 풀어보면 사물인터넷은 다양한 사물들이 인지하게 만드는 것이고, 그 인지 정보가 다른 기기에 '전달'된다는 것이고, 전달된다는 말은 외부에서 전송되어 온 정보들을 '이해'한다는 말일 것이다. 그리고 그런 이해를 바탕으로 새로운 응용 가능성의 지점을 발견하고 그것을 실현시킨다는 뜻일 것이다. 이것을 다시 풀어내면, 보고(듣고), 이해하고, 사용한다는 측면에서의 새로운 가능성이다.

사물인터넷, 스펙트럼의 확장

캘리포니아 주 정부는 여름만 되면 블랙아웃으로 인한 정전이 우려되어 골치가 아프다. 캘리포니아 주에는 IT 중심지 실리콘밸리와 영화 중심지 헐리우드가 있다 보니 에너지 기업과의 전기 공급가 협상, 민간 에너지 기업의 도산으로 인한 전기 공급 부족 등의 문제가 지속적으로 발생해왔다.

그런데 온도조절장치를 공급하는 네스트라는 회사가 주 정부에 놀라운 아이디어를 제안한다. 온도조절장치는 기본적으로는 간편하게 에너지를 절약하는 기기다. 집에 있다가 실내 온도가 더워진다 싶으면 네스트 커버를 돌려 온도를 낮추면 되고 춥다 싶으면 반대로 돌리면 된다. 기존의 온도조절기와 별반 차이가 없어 보이지만 네스트가 개발한 장치는 학습을 한다. 우리집 주인이 이 정도가 되면 온도를 내리는구나 올리는구나 하고 학습한다는 말이다. 학습이 되고 나면 네스트는 이제 주인이 조종하지 않더라도 스스로 온도를 조절할 수 있다. 이것만으로도 많은 에너지를 아낄 수가 있다. 사람이 직접 온도를 조절할 때는 자동차의 급가속 급제동처럼 온도를 확 내리고, 다시 확 올려 에너지 소모가 크지만, 온도가 자동으로 서서히 올라가고 내려가게 함으로써 에너지를 절약할 수 있게 된 것이다.

하지만 네스트가 개발한 온도조절기의 진짜 가치는 이런 기기들이 연결될 때 발휘된다. 한여름 폭염이 일어나 많은 사람들이 냉방기를 과다하게 사용하면 주 전체의 발전 에너지량이 크게 증가해 심하면 블랙아웃이 될 수도 있다. 이때 가정의 온도조절기는 네스트의 중앙 서버와 교신하면서 '오늘이 폭염이구나' 하는 정보를 얻으면, 폭염이 일어나기 전부터 서서히 온도를 내리기 시작한다. 그리고 폭염이 기승하는 시간대에는 기기가 오히려 냉방을 꺼 버린다. 에너지를 훨씬 덜 쓰지만 필요한 냉방 효과를 거둘 뿐더러, 블랙아웃의 발생을 미연에 방지하는 데다 불필요한 에너지 발전 비용을 아끼게 된 것이다. 또한 이로 인해 생긴 전기요금 절약분은 프로그램 참가자들에게 다시 돌려주는 것이다.

사물인터넷은 우리가 보고 인지하는 스펙트럼을 넓혀줄 것이다. 휴대폰에만 해도 카메라, 조도, 가속, 근접, 온도 센서 등 15종의 감지 센서가 있다. 요즘은 자동차에도 엄청나게 많은 센서들이 존재한다. 2020년경이면 부품 센서와 바이오 센서가 1조 개를 넘어설 것으로 추정된다. 그리고 이것들은 통신 가능 기기에 내장되거나 온도조절기 내에 탑재될 것이다. 이처럼 수많은 센서 정보들은 기존에 우리가 인지하지 못하고 보지 못하던 것들을 보게 만들어 줄 것이다.

이것으로 무엇을 할 수 있을까? 우선 공공안전에서부터 혁신을 가져올 수 있다. 각종 지역의 온도 변화를 감지해 에너지를 통제하거나 지진을 대비하거나 충격 사건을 자동으로 감지하는 등 기존에 하지 못했던 여러 가지를 할 수 있다. 개인의 입장에서도 몸에 지니고 있는 여러 기기를 통해 신체 건강 정보를 측정하고 축적해서 만성적인 문제들을 조기에 검진하여 대응할 수도 있다. 사물인터넷을 응용한 기기들이 실제로 많이 나오고 있다.

수많은 센서들이 연결됨으로써 사물인터넷은 기존에 우리가 보지 못했던 영역을 이해할 수 있도록 만들어준다. 즉, 인간의 인지 영역을 더욱 확장시켜 주고, 개별적으로 인지할 수 없던 미인지 영역에 대한 데이터를 축적함으로써 패턴을 발견하고 이해할 수 있도록 해주는 것이다.

이해하면 달라진다. 서울시의 경우 이태원의 안전취약지대에 대해서 많은 여성들이 밤길에 특히 불안감을 느끼고 있었는데 사람들의 동선을 조사하고, 불안지역에 관한 심리적인 정보들을 축적하여 불안지도를 만들었다. 지도상에 붉은 점들이 모여 있는 불안지역을 인지하고 난 뒤, 사각지역에는 대청마루를 깔고 사람들이 모이는 여러 가지 장치들을 만들어 문제 발생 요인을 제거하고, 전봇대에 눈에 띄는 형태로 숫자를 표시해서 자신이 어디쯤 있는지를 쉽게 말할 수 있게 하고, 택배를 가장한 강도를 막기 위해 감시초소에 택배를 보관할 수 있게 하여 사고를 미연에 방지하도록 조치한 것이다.

새롭게 이용할 수 있는 서비스를 탄생시킨다

이해를 하고 나면 이전에는 보이지 않았던 새로운 필요를 발견하게 된다. 모바일을 통해서 사용자의 위치를 쉽게 확인할 수 있는 것만으로, 우버나 카카오택시 같은 사업이 가능해지고, 럭스(Luxe)처럼 주차비가 비싼 지역에 진입하더라도 내가 있는 곳으로 주차요원을 불러 주차비가 싼 지역에 주차시키고 찾아와 주는 발렛서비스가 가능해졌다. 아플 때마다 병원에 찾아가는 대신 내가 있는 곳으로 의사가 직접 와서 치료해주는 힐(Heal)이라는 서비스가 생기고, 세탁배달서비스업체 워시오(washio)는 모바일 앱을 통해서 내가 맡긴 세탁물의 진행 상태를 실시간으로 들여다볼 수 있게 했다.

사용자의 모바일과 서비스를 연결하는 측면에서부터, 사용자의 가정이나 지역에 있는 기기들을 서비스들과 연결함으로써 새로운 서비스를 시작할 수도 있다. 즉, 기기들이 인터넷에 더 많이 연결될수록 우리는 더 새로운 상상을 꾀할 수 있고 새로운 산업을 시작할 수도 있다.

그래서 나는 사물인터넷을 새로운 기술 인문학이라고 주장한다. 핵심은 연결 그 자체가 아니라 연결되었을 때 만들어지는 새로운 가치가 무엇인가이다. 이것은 상상의 영역이고 인간의 영역이다. 상상한다고 해서 인문학이라고 부르지는 않는다. 인문학은 그 목적이 사람을 향한다. 이런 관점에서 연결되는 모든 것들이 가치가 있는 것은 아니다.

웨어러블을 예로 들어 살펴보자. 갤럭시 기어, 애플 와치, 샤오미 와치 등 각종 스마트시계들이 시장에 출시되었다. 또한 구글 글래스와 같은 여러 종류의 스마트안경도 속속 시도되고 있다. 이 웨어러블 기기들은 일면 굉장히 팬시해 보이고 그것을 착용하면 트렌드에 앞선 사람으로 보일 것 같다.

하지만 이 제품의 사용성 자체는 사람들에게 사랑받고 보편적이 될 수가 없다. 평소 시계를 안 차는 사람이 스마트시계라고 해서 잘 차고 다닐까? 평소 안경을 쓰지 않는 사람에게 안경 착용이 편하게 느껴질까? 일면 멋있어 보이지만, 사실 우리가 가지고 있는 습관의 장벽을 넘어서지 못하면 절대로 성공할 수가 없다. 그래서 웨어러블 자체가 아무리 멋있다고 한들 시장에서 받아들여지는 것은 별개의 문제인 것이다. 그러면 어떤 것이 주목받을까?

평소에 내가 신경을 쓰는 대상에 주목하게 될 것이다. 반려동물을 예로 들어 살펴보자. 외출해 있으면서도 집에 있는 개의 상태가 어떤지를 지속적으로 들여다보고, 혹시라도 개가 열이 날 때 즉시 대응할 수 있는 기기가 있다면 반려동물 주인들이 좋아할 것이다. 반려동물을 키워본 사람들은 알겠지만 동물이 한 번 아프면 적게는 몇 만 원에서 많게는 수백만 원의 병원비가 든다.

만약 평소에 동물들의 상태를 체크할 수 있다면 어떨까? 이상징후가 생겼을 때 바로 알 수 있다면 어떨까? 언제든지 원할 때면 원격으로 동물에게 먹이를 주거나 개가 좋아하는 놀이를 시킬 수도 있고, 개가 물끄러미 모니터를 주시하고 화상으로 주인과 대화를 나눌 수 있다면 반려동물을 키우는 이들에겐 흐뭇한 미소가 지어질 것이다. 이런 분야는 된다. 바로 관심이 향하는 방향인 것이다. 어떤가? 웨어러블보다는 도그러블(Doggrable)이 더 가능성 있지 않겠는가?

신생아도 마찬가지다. 기저귀에 센서가 달려 있어서 아이가 일을 봤을 때 즉각적으로 알려준다면 아이의 연약한 피부가 짓무르는 걸 사전에 막을 수도 있을 것이다. 두 개가 한 세트인 집 모양의 사물인터넷 제품도 있다. 각각 하나씩을 나눠가지고 있으면, 상대방이 외출했다가 집에 들어오면 불이 켜져서 알게 해주는 것들이다. 연애를 오래했거나 결혼한 사람들은 강력하게 반대하겠지만 처음에 콩깍지가 끼었을 때는 그야말로 머스트해브아이템일 수 있다.

기기들이 서로 연결됨으로써 여러 가치를 만드는 것은 시작에 불과하다. 개인을 위한 시장에서, 기업 간 시장에서, 그리고 산업과 국가기관의 여러 서비스에 대해서도 사물인터넷은 이미 영향을 미치고 있다. 그래서 오히려 지금 우리에게 필요한 것은 나의 욕구가 무엇인지, 어떤 것들이 연결할 수 있을지를 들여다보는 나의 관심이라고 생각한다. 당신의 관심은 무엇인가?

다이알로그 시대에서
경험의 시대로

도심을 배경으로 하는 체험형 증강현실 게임 포켓몬고에 대한 사람들의 반응은 가히 신드롬에 가까울 정도였다. 이 게임은 출시 하루 만에 1억 건 다운로드되었고, 하루 이용자 수도 2,000만 명을 넘어서며 트위터의 하루 이용자 수와 이용 시간 기록을 추월했다. 애초에 닌텐도는 연간 2,000억 원 정도의 매출을 예상했으나 출시 7개월 만에 2,200억 원을 넘어서는 기염을 토했다. 덩달아 콘솔게임업체 닌텐도도 시가총액이 10조 원이나 증가했다.

"좀비 영화가 현실화된 것 같다." 포켓몬 출시 후 벌어진 풍경을 보고 한 사용자가 남긴 말이다. 사람들이 스마트폰을 든 채 심야에도 삼삼오오 모여 행렬을 이룬다. 때로는 그렇게 모인 사람들의 수가 수백 명을 넘어선다. 온 도시가 좀비처럼 포켓몬고를 하느라 여기저기를 서성이고 있다.

초등학생 자녀가 포켓몬을 잡기 위해 새벽에도 집에 들어오지 않아 걱정하는 부모가 있는가 하면 이런 사람들을 대상으로 하는 강도들도 많아지고. 주행 중 포켓몬 게임을 하다 나무를 들이받고 교통사고를 낸 사람이 있을 정도다. 포켓몬을 유혹하는 '미끼 투어'를 사용한 피자 가게의 매출이 75%나 증가했다는 보도가 나오자 포켓몬 특수를 잡으려는 오프라인 가게들의 경쟁이 치열해졌다. 또한 한국은 지도 관련 이슈로 서비스 제외 대상이나 속초에서 포켓몬이 잡힌다는 사실에 때아닌 속초 여행 열풍이 일어나 속초시 전체가 특수를 맞은 것도 이전에는 상상하지 못한 사건이다.

장소 기반의 새로운 비즈니스 모델

바야흐로 디지털과 아날로그의 경계가 사라진 다이알로그(Dialog) 시대가 되었다. 이제 관심으로 연결되고 경험을 공유하는 관심연결경제가 시장의 중심이다. 이뿐이 아니다. 경험의 시대가 가속화될수록 사람들은 바깥으로 나간다. 광장으로 나가고 모여든다. 항공산업과 관광, MICE 산업 등이 가파르게 성장하고 있다. 2011년을 기점으로 해외여행은 이전과 뚜렷한 차이를 보일 정도로 가파른 상승세를 기록하고 있다. 인천공항 이용객의 누적 증가세를 보면 2011년과 2012년, 그리고 2013년 무렵에 정점을 이룬다.

사람들이 연결되기 시작하자 마치 약속이라도 한 듯 거리로 쏟아져 나왔고, 국경을 넘어 이동 반경을 넓히는 것으로 관찰되고 있다. 어느 순간 나라 살림이 잘 풀리게 된 것일까? 안타깝지만 한국의 GDP 성장률은 계속해서 하락하고 있는 상황이었다. 중세 유럽에서 커피가 사람들의 연결을 촉발한 것처럼 21세기의 무선인터넷이 마찬가지의 촉매가 되고 있었다.

앞으로 우리가 주목해야 할 분야는 이처럼 사람들이 모여드는 장소에 대한 새로운 비즈니스 모델이다. 유동 트래픽(Foot Traffic)은 온라인과 오프라인을 이어주는 가교 비즈니스 모델로서 가치를 만드는 중요한 수단이 될 것이다.

도심을 배경으로 새로운 스토리를 입혀 역사를 경험하거나 사건을 풀어가는 미스터리 퀘스트 형태의 빅게임(Big Game)이 본격 성장할 것이다. 특히 장소 기반의 플레이스 플랫폼(Place Platform)을 설계하고 사용자 경험의 '여정'을 디자인하는 역량이 요구될 것으로 전망된다. 무엇보다 포켓몬고나 탐정 시리즈 '코난'처럼 사람들 사이에서 사랑받는 유수의 이야기들이 연결될 때 플랫폼의 가치는 배가될 것이다.

상상력이야말로 가장 강력한 비즈니스 모델이다. '상상은 현실이 된다'라는 구호는 그야말로 현실이 되었다. 다시금 상상력의 중요성과 현실에서 사람들의 관심을 연결하고 의미를 발견하는 21세기 인문학이 탄생하는 순간이다. 기술과 사람은 그렇게 만나고 있다.

P2P 네트워크 시대가 펼쳐지다

이제 네트워크는 모든 개인들이 네트워크에 연결된 시대, 개인과 개인의 니즈를 연결하고 그들 각자가 가진 욕구를 공유하는 플랫폼을 제공하는 개인이나 기업이 힘을 갖는 구조로 변모하고 있다. 과거 개인들은 노동자로서 자신의 노동력을 제공하여 기업으로부터 수익을 얻고 그것을 소비하는 수동적인 존재일 수밖에 없었다. 소통의 비용과 제작, 그리고 유통 비용이 개인이 감당하기에는 너무 높아 자신의 재능이나 서비스를 멀리 있는 사람들에게 제공하기에는 현실적인 어려움이 있었다.

때문에 자본가들에 의해 만들어진 기업을 통해 재화나 서비스가 또 다른 기업이나 개인, 정부에 전달되는 형태다 보니 이러한 비즈니스를 B2B, B2C, B2G라고 부르지 C2C라고 부를 수는 없었다. 한 개인이 도로를 만들거나 트럭회사를 운영할 수도 공장을 소유하기도 어려운 일이기 때문이다.

하지만 이 모든 것들이 공공재처럼 인프라화되어 비용이 발생하지 않게 되자 그것들을 가지는 대신 그것들 위에서 새로운 무언가를 할 수 있게 된 것이다. 유선인터넷이 일반화되면서 비로소 네이버나 구글이 그 위에 존재할 수 있었던 것처럼, 무선인터넷이 일반화되자 이제는 개인들이 서로 연결되고 그들의 자원을 공유하거나 제공하는 기반이 마련된 것이다.

개인과 개인을 연결하는 플랫폼 상에서의 새로운 가능성들. 나는 그것을 P2P 네트워크라고 정의한다. P2P는 Peer to Peer 또는 Person to Person을 말하는 것으로 개인과 개인이 연결된 상태를 말한다. 시장에서는 이것을 공유경제라고도 부르지만, 엄밀히 말하면 개인과 개인을 이어주는 플랫폼에서 일어나는 비즈니스를 지칭하는 것이다.

P2P 네트워크는 세 가지 측면에서 새로운 장으로 구분할 수 있다. 첫 번째는 연결 비용의 관점이다. 수요자와 공급자 모두가 서로를 쉽게 발견할 수 있고, 연결 즉시 상품이나 서비스를 제공할 수 있는 온디맨드(On-Demand) 상태를 실현한다. 두 번째는 신뢰도의 관점이다. 과거에는 상대가 신뢰할 만한지 제대로 알기가 어려웠다. 하지만 SNS에서 누군가 전하는 정보는 자신의 아이덴티티와 연결되어 있다. 좋은 평판을 기대하면서 거짓 정보를 말하기는 어렵다. 페이스북이나 카카오톡 등에서 사용하는 아이디는 나의 아이덴티티와 분리될 수 없는 유니크 아이덴티티, 즉 UID라고 부르는데 P2P 네트워크는 바로 이 UID를 통해 서로 연결되어 있는 구조를 사용하는 방식이다. 쉽게 말해 P2P 네트워크의 신뢰도는 이용자들의 평판이다. 세 번째는 앞의 두 가지를 바탕으로 양쪽 모두에게 '선택권'을 제공한다는 점이다. 수요자가 공급자를 선택할 수 있을 뿐만 아니라 공급자 역시 수요자를 선택할 수 있도록 한다는 점이다.

과거 택시에 승차한 경험을 떠올려보자. 당신이 택시를 타고 싶은 욕구가 있다고 해도 택시회사나 기사는 그것을 알 수가 없다. 당신이 길거리에 나가 택시를 잡거나 택시기사는 오랜 시간 동안 주요 거점 지역에서 손님을 기다리고 있어야 했다. 하지만 지금은 어떤가. 우버나 카카오택시 앱을 실행하면 된다. 내가 있는 곳을 설명할 필요도 없다.

GPS를 통해 현재 위치를 공유하기 때문이다. 이를 통해 택시기사와 내가 바로 연결되는 것이다. 발견 비용이 획기적으로 줄어들었다. 택시는 손님이 어디에 있는지 돌아다니며 시간과 에너지 낭비를 줄인다는 점, 고객은 택시를 잡기 위해 예전처럼 어렵게 설명할 필요도 없다. 다시 말해 양쪽이 서로를 발견하기 위해 불필요한 여러 비용을 낭비하지 않고 서로를 실시간으로 연결하여 당신의 위치에서 서비스를 제공하는 온디맨드가 실현되는 것이다. 택시 서비스뿐만이 아니다.

음식도 마찬가지다. 식사를 주문하기 위해 전단지를 찾아서 전화를 하던 것도 곧 추억이 될 것이다. 식당 전화번호는 몰라도 된다. 앱 하나만 실행하면 내가 원하는 음식을 추천해 주기도 하고 검색해서 주문만 하면 어떤 종류든 총알같이 바로 배달해 준다. 그 음식점은 얼마나 믿을 만한지 걱정할 필요도 없다. 서비스 이용자들이 매긴 별점이 곧 믿을 수 있는 평판이기 때문이다.

세계에서 가장 큰 숙박업체 에어비앤비도 마찬가지다. 에어비앤비는 멋진 가정집을 저렴하고 즐겁게 이용할 수 있으며, 사람들과 교류할 수 있는 혁신적인 숙박 서비스다. 만약 당신이 집을 지저분하게 쓴다면 주인 역시 당신의 평판을 매길 수 있고, 다음 번 당신의 선택에 영향을 줄 수도 있다. 즉 상호 평가를 할 수 있기 때문에 아무렇게나 사용할 수가 없는 것이다. 언급한 사례는 전체 P2P 네트워크 서비스 중의 겨우 몇 가지를 나열한 것에 불과하다.

그런데 이런 새로운 P2P 네트워크를 활용한 서비스에서 놓치면 안되는 점이 있다. 앞서 말한 것처럼 카카오택시는 택시를 단 한 대도 보유하고 있지 않지만 사실상 대한민국 최대의 택시회사로 둔갑했다. 배달의 민족도 실제로는 보유하고 있는 식당이 없다. 에어비앤비도 집을 한 채도 소유하고 있지 않다. 하지만 이들은 사용자와 사용자를 연결하고 사람들이 믿고 신뢰하고 사용할 수 있도록 안전한 평판 시스템을 제공함으로써 굉장한 매출을 만들어낸다.

슈퍼스케일 마켓이
펼쳐진다

우리는 거대 마켓을 형성하는 글로벌 기업들을 보며 저런 전략과 힘이 어디에서 나오는 것인지 두려움을 느낀다. 그리고 최근 주목받는 혁신적인 기업들이 유독 임직원들의 자율적인 조직문화와 여가생활에 상당한 투자와 지원을 하는 것을 보며 돈을 많이 버니까 그렇지 한국 기업의 상황에는 맞지 않는다며 애써 외면한다. 하지만 글로벌 기업들도 회사를 놀기 좋은 곳으로 만드는 게 목적일 리는 없지 않은가. 세계 시장을 상대로 하는 그들은 우리가 보지 못하는 것을 본다. 바로 슈퍼스케일 마켓이다. 많아지면 달라질 수밖에 없는 압력이 작용하는 지점이다.

미국을 여행해본 사람이라면 시속 100킬로미터로 1시간을 달려도 계속되는 광활한 농장의 규모에 놀라움을 금치 못했을 것이다. 그런데 이 엄청난 규모의 채소나 과일은 어떻게 따는 것일까? 아무리 사람을 많이 동원한다 해도 사람의 손으로 직접 따는 건 불가능한 규모다. 따고 세척하고 출하하는 데까지 걸리는 시간을 감안하면 매출에서 인건비가 차지하는 비용이 배보다 배꼽이 큰 상태가 될 것이기 때문이다.

포도 수확을 예로 들어 살펴보자. 우리나라에서 포도농사를 지을 때는 사람이 쉽게 딸 수 있도록 포도를 사람 키 높이 정도에서 자라도록 한 다음 때가 되면 포도 넝쿨 아래에서 채취한다. 하지만 미국은 기계화에 적합한 형태로 포도를 재배한다. 마치 외줄기 나무처럼 자라게 한 후 기계가 포도를 품는 모양으로 포도 위를 지나가면서 가지를 흔들고 동시에 진공청소기처럼 빨아들이면서 일정 수준으로 익은 포도를 채취한다.

심지어 최신 농기계의 경우 포도밭과 포도의 위치를 자동으로 인식해 스스로 포도를 딴다. 그 형태와 자동화의 수준에 따라서 농기계 가격도 천차만별이지만 핵심은 이런 대규모 재배를 감당할 수 있을 만큼의 제품과 운송 방법을 고안하여 사용하고 있다는 것이다.

그러나 미국의 포도 재배업자들에게도 위기가 찾아왔다. 최대 규모의 땅에서 수확물을 채취하고 목표 시간 내에 운송 가능한 자동화 시스템을 갖추었으나 이전에는 겪어보지 않은 공급 과잉 사태가 일어났다. 기계화로 생산성이 높아지자 과잉생산을 하게 된 것이다. 지역 내에서만 판매하기에는 시장이 너무 작아 결국 포도 재배업자들은 미국 전역의 시장에 와인을 공급하는 방법을 고민하게 되었다. 그러나 미국 시장 내에서도 공급 과잉은 마찬가지이다 보니 자연스럽게 미국을 넘어 세계로 와인을 공급하는 체계를 수립하기 시작했다. 또한 수출 과정에서 신선도를 높이기 위한 냉장 기술이나 부패 방지 기술이 발달하게 되는 등 관련 시장의 규모 또한 키우는 결과를 낳았다.

아마존의 도전

A부터 Z까지 모든 것을 파는 세계 최대 규모의 온라인 쇼핑몰 아마존은 2015년 4월 사물인터넷을 이용한 간편결제시스템 대시버튼을 공개했다. 이 버튼을 누르면 미리 앱에서 설정한 품목이 아마존에서 주문·배송된다.

대시버튼의 대상 제품은 집에서 자주 사용하는 세제, 커피, 음료, 맥주, 화장지, 기저귀 등의 일상용품이며, 아마존은 일상용품 관련 기업과 제휴를 맺어 품목별 대시버튼을 판매하고 있다. 대시버튼의 가격은 4.9달러이지만 최초 주문시 신용카드 청구액에서 4.9달러를 차감해주기 때문에 사실상 무료다. 대시버튼은 땅이 넓은 미국의 특성상 물건이 떨어질 때마다 마트에 가기 어려운 소비자뿐 아니라 유통사의 입장에서도 유통 비용이 줄어드는 영리한 아이디어다.

대시버튼은 마켓과 유통업계를 긴장하게 만들었다. 대시버튼 사용자의 정보에 '시간 개념'도 추가되었기 때문이다. 책을 구매한다고 가정한다면 구매자가 언제 다시 구매할지 아무도 모른다. 하지만 집에서 사용하는 생활용품의 경우는 다르다. 케첩, 커피, 과일, 생리대 등 일상생활에 필요한 물건들은 특정 브랜드에 대한 사용자의 선호가 확실할 뿐만 아니라 무엇보다도 '구매 주기'를 가진다는 특징이 있다.

고객이 다음에 언제 주문할지 예측할 수 있다는 것은 혁신의 여지가 있다는 것이기도 하다. 첫째로 고객의 구매 시점이 임박했을 때 해당 상품에 대한 프로모션을 제시하면 고객은 이를 광고라고 생각하지 않고 구매 제안이라고 받아들일 것이다. 또한 사용자가 다음에 언제 그 물건을 주문할지 알 수 있다면 배송시스템의 혁신을 꾀할 수도 있다. 사용자가 상품을 주문하기도 전에 미리 가상의 주문을 해놓고 그가 사는 근처로 배송을 준비해놓을 수 있기 때문이다.

그런데 아마존은 여기서 한발 더 나아갔다. 2016년 1월 아마존은 미국 전역에 30분 만에 배송한다는 아마존 프라임이라는 이름의 야심찬 계획을 선언했다. 고객이 대시버튼을 누르면 아마존 물류 트럭에 탑재된 드론이 이동 중에 물건을 배송한다는 것이다. 아마존은 이 계획을 페덱스와 협력하여 실행할 것이라고 했다. 아마존의 발표는 당시 세간의 화제를 모았다. 그런데 땅이 좁은 한국에서도 불가능해 보이는 이 미션을 아마존은 어떻게 그 광활한 땅에서 가능하게 만든다는 것일까? 아마존의 계획이 실현가능한 것인지에 대해서는 좀더 지켜봐야겠지만 그들의 도전은 그 자체로 유통 혁신을 이끌어내고 있다.

우리가 주목할 것은 아마존의 대시버튼이나 30분 배송이 아니다. 우리가 앞으로 목격할 미래 경제의 핵심은 아마존을 위시한 관심연결 경제에 관한 것이다. 사람들의 연결, 세계의 연결로 복잡성은 커지고, 다양성도 증폭되고 있다. 바야흐로 불특정 다수를 대상으로 한 매력적인 제품과 서비스의 시대에서 내가 중심이며 나를 위한 무언가를 찾고자 하는 Me의 경제시대로 접어들고 있다.

그리고 또 하나의 새로운 시대가 열리고 있다. 이제는 각자의 관심들이 서로 발견되고 그 속에서의 가치가 만들어지는 장(場)을 이용하는 관심연결경제 시대로 접어든 것이다. 나도 몰랐던 나의 기호를 나와 비슷한 행동 패턴을 가진 사람들 속에서 찾아내고 그들을 위한 특별한 서비스를 제공하는 것이 비즈니스의 핵심가치이다. 결국 '관심'이 에너지가 된다. 내가 아니라 그들이 중요하고, 그들이 나를 바라보게 하는 대신 그들이 그들 스스로를 발견하게 만드는 것. 창조경제란 이러한 관심들이 서로 엮이고 들끓고 넘치게 만드는 것이다.

경쟁할 것인가, 협업할 것인가

우리는 슈퍼스케일 마켓을 어떻게 바라봐야 할까? 자의든 타의든 우리나라 시장에서 부가가치를 만들기가 점점 더 어려워지고 있다. 어떻게 경쟁할지 한 가지는 분명하다. 새로운 가능성을 찾기 위해서는 시야를 좀 더 넓힐 필요가 있다. 이것은 회사의 규모의 문제가 아니다. 확장성(Scalability)이 극대화되어도 감당할 수 있는 새로운 모델을 고민해야 한다.

쉽지 않다면 우리와 경쟁자가 될 수 있다고 생각하는 기업들을 상정하고 내가 그 회사라면 어떤 식으로 우리 시장을 뚫고 들어올 것인지를 생각해 보자. 아마존이라면 한국 시장을 어떻게 뚫을지 생각하고 공략할 방법을 생각해 보자. 삼성전자 등이 시장의 경쟁을 방어하거나 역공을 하는 대표적인 방법이기도 하다. 그런 상태에서 우리의 약점을 찾아내고 동시에 강점에 주목하는 것이다. 동시에 우리가 아직 시도하지 않은 새로운 도전을 순식간에 일으킬 수는 없다. 역시나 간접적으로 우리가 가야 할 길을 돌파해내는 주변의 기업들을 더 적극적으로 들여다보고 그들과 경쟁이 아니라 협업할 수 있는 새로운 모델을 고민해야 한다.

우리가 경쟁하는 시장은 점점 더 가늠할 수 없는 크기로 확장하고 있다. 지금부터가 더 중요하다. 우리 각자가 가진 저마다의 역량과 관심이 더 연결되어야 하고 이것이 더 공론화되는 지점을 만들 때 그 시작이 앞당겨질 것이다.

고용의 종말

카카오택시가 그랬듯이 당신은 시간이 지날수록 세탁서비스 크린바스켓, 배달의 민족, 쿠팡을 이용하는 데 익숙해질 것이다. 그러나 여기에는 불편한 진실이 숨겨져 있다.

당신이 편리해지는 만큼 동네 세탁소는 문을 닫을 것이며, 동네 슈퍼마켓은 자취를 감추게 될 것이고, 한두 종류를 제외하고는 대형매장 역시 경쟁력을 잃어버릴 것이다. 자영업자들은 지금도 힘들지만 앞으로 더욱 혹독한 시련을 겪게 될 것이다. 그 동안은 인접 상권이라는 이유로 고객이 프로미엄을 지불했기 때문에 고정비의 위험을 안을 수 있었지만 정작 고객이 그런 기준으로부터 자유로워졌기 때문이다.

개인도 마찬가지다. 우버나 에어비앤비를 포함한 많은 서비스들이 전통적인 형식으로 고용을 창출하지 않는다. P2P 네트워크 비즈니스에서는 누구나 드라이버가 될 수 있고 누구나 직원이 될 수 있다. 내 주변의 인적 자원들이 자유롭게 자신의 재화를 공급할 수 있는 형태이기 때문에 이런 서비스들이 성장한다는 것은 기존 산업에서의 고용이 점차 줄어들 것이라는 뜻이다. 쉽게 말해 앞으로 고용은 늘어나지 않을 거라는 의미이기도 하다. 정규직이냐 비정규직이냐를 넘어서서 고용 자체가 일어나지 않는 새로운 형태의 비즈니스 모델이 자리잡을 것이라는 전망도 나올 수 있다. 이미 직장이나 직업이 있더라도 여유있는 시간에 서비스 직원 복장을 하고 잠깐 일하고 댓가를 받는 방식이 일반화될 수도 있다.

새로운 형태의 비즈니스 모델 등장

미국의 전 노동부 장관 로버트 라이시는 우버와 같은 공유경제 모델에 대해서 강력한 비판을 제기했었다. 1950년부터 지금까지 GDP 성장률은 계속 올라가고 생산성도 좋아졌으나 노동자가 받는 시간당 평균소득은 1970년대 후반을 기점으로 제자리걸음에 머물러 있다. 소득이 제자리걸음인 이유는 기술 때문이다. 기업의 목적은 이윤극대화이고, 이를 위해 기술을 도입해 생산성을 높이고 비용을 낮추려고 한다. 반면에 사람은 비용으로 간주되기 때문에 노동자의 소득은 물가상승률 수준으로 정체되는 것이다.

로버트 라이시는 공유경제가 이 점을 더욱 심화시킬 것이라고 주장했다. 소위 공유경제는 각종 재화를 소유하는 대신 공유함으로써 수익을 벌어들이는 경제 모델을 총칭하지만 실상은 자본가들에게 더 유리한 구조라는 것이다.

대표적인 차량 공유 서비스 우버는 운수 면허증을 가진 택시기사가 아니라 자신의 차를 소유하고 있는 개인이 택시 서비스를 제공하는 방식이다. 에어비엔비도 자신의 집에 남는 방을 빌려주는 방식이다. 두 사업 모두 개인들의 자원을 공유하고 잉여 시간, 잉여 공간, 잉여 서비스를 중계한 댓가를 지불하는 방식이므로 기존 기업이 지출하는 인건비, 관리비 등의 고정비가 최소화되어 고객의 입장에서는 훨씬 저렴할 뿐 아니라 서비스 제공자에게 직접적으로 댓가를 지불할 수 있기 때문에 인기를 얻는 것이다.

내가 여유가 있을 때 내 차를 끌고 나가서 손님을 잠깐 태우고 부수입을 얻을 수 있다면 좋은 것 아닐까? 여행을 가서 집을 비우게 되거나 남는 방이 있어서 방을 빌려주고 수익을 얻을 수 있다면 여러모로 편리하지 않을까? 공유경제 모델은 이용자와 제공자가 동시에 평판을 매길 수 있고 그것을 바탕으로 서비스를 이용할 수 있어 생각보다 훨씬 안전하고 신뢰할 수 있는 형태의 원원 서비스가 아닌가 싶기도 하다.

지금은 많이 나아졌지만 택시 서비스의 경우, 내가 내 돈을 내고 타면서 담배 냄새가 나거나 거친 주행, 불친절한 기사의 태도 때문에 다시는 이용하고 싶지 않다는 생각을 해본 사람이 있을 것이다. 우버를 이용해 본 사람은 알겠지만 이 서비스는 기사가 자신의 차로 주행하기 때문에 청소 상태가 청결하며, 거칠게 주행하지 않고 무엇보다 친절해

돈이 아깝지 않다고 생각하게 만든다. 이를 반영하듯 전 세계 공유경제 시장 규모는 2014년 기준으로 150억 달러가 넘었고, 10년 내에 3,000억 달러가 넘을 것이라고 전망되고 있다.

이처럼 여러 가지 이점에도 불구하고 공유경제를 고용 안정과 사회안전망 측면에서 들여다보면 이야기가 달라진다. 우버는 기존의 유관 산업을 위기로 몰아넣다 보니 진출하는 나라마다 논란의 중심이 되고 있다.

택시면허가 없는 사람도 사실상 택시 서비스를 제공할 수 있어 면허를 취득하고 유지하기 위해 노력하는 기존의 택시 운송 사업자들은 오히려 불평등한 입장에 놓이게 된다. 각종 정부 규제와 비용 경쟁력 면에서 약자가 되기 때문이다.

그것은 우버 기사의 입장도 마찬가지다. 우버의 입장에서 기사들은 자사의 직원과 같다. 우버 기사들이 있어야만 회사가 성장하니까 말이다. 하지만 차량의 유류비는 물론 각종 수리비나 유지 비용과 차량 보험료까지 모두 개인의 몫이다. 게다가 본인을 위한 건강보험 따위는 상상할 수도 없다. 즉, 수익은 나눠 갖지만 책임은 모두 개인이 떠안는 것이다. 이런 이유로 미국을 포함 여러 나라에서 논란이 거듭되는 것이다.

로버트 라이시는 〈조선일보〉 위클리비즈와의 인터뷰에서 다음과 같이 주장했다.

"우버와 에어비앤비가 저렴한 비용으로 소비자의 주목을 받으며 빠르게 성장하는 것은 부정할 수 없는 사실이지만 노동자의 임금을 낮추고, 노동의 질을 떨어뜨리는 결과를 낳고 있다. 공유경제로 인해 정규직 직원이 줄어들고 프리랜서와 독립 계약자(independent contractors) 등의 고용 형태가 늘어나는 것이 가장 큰 문제로 공유경제로 벌어들이는 큰돈은 결국 소프트웨어를 소유한 기업에게 돌아가고, 노동자에게는 찌꺼기만 남는다. 임금이 깎인 노동자는 자금력이 줄어든 소비자가 되는 악순환만 낳을 것이다."

하지만 이런 주장 역시 과도한 일반화라는 의견이 만만찮다. 기존에 돈을 벌기 위해서는 그것을 실현하기 위한 진입장벽이 높았다. 가게를 임대하는 것은 물론 제품이나 서비스를 판매하기 위한 제반 비용을 마련하는 게 그리 쉬운 문제가 아니었기 때문이다. 생활을 겨우 유지하는 입장에서 큰 돈을 대출해서 자신의 사업을 한다는 것은 그 자체로 큰 위험이 따르기 때문이다. 하지만 P2P 네트워크 비즈니스가 가능한 시대가 되었다. 사업에 필요한 모든 것이 기본 인프라로 저렴하거나 무료에 가깝고 여의치 않으면 그만둔다고 해도 그로 인한 위험 비용도 상당히 낮기 때문이다.

본인이 직장인이라면 기존에 하고 있던 일에 더해서 부수익을 만드는 수준에서 시작할 수도 있다. 이용자 입장에서 누군가 출퇴근 중에 영어 공부를 하고 싶다고 했을 때, 과거에는 출퇴근 시간 전후에 영어학원을 등록하고 그 시간에 학원에 가서 학습을 해야 했다. 본인이 원하는 시간에 본인이 원하는 지역 근처에 있는 사람이 영어를 가르쳐 줄 수 있다면. 주말에 마침 급한 일이 생겨서 나가야 하는데 아이를 맡길 만한 육아시설이 없는 상황에서, 신뢰할 수 있는 누군가가 가까운 곳에서 아이를 잠깐 봐줄 수 있다면? 합리적인 비용으로 잠깐 시간이 날 때 가까이 있는 사람에게 영어를 가르치고 돈을 벌 수 있다면? 아이를 모두 다 출가시키고 소일거리를 찾는 장년층 입장에서 잠깐잠깐씩 아이들을 봐 주고 적당한 수익을 만들 수 있다면?

　　과거에 이런 일을 하려면 많은 비용이 필요하거나 그것을 전문으로 하는 에이전시에서 계약직으로 일해야 했다. 하지만 지금은 본인의 잉여 시간에, 무엇보다 본인이 의지가 있을 때만 움직여도 잠깐의 활동으로 수익을 만들 수 있다는 점이 다르다. 기존 사회에서 B2B나 B2C로 일어나던 많은 일들이 이제는 개인의 필요에 따라 인접 지역에 있는 사람들끼리 온디맨드로 연결됨으로써 비즈니스를 창출할 수 있다면 그것은 기존의 비즈니스와 고용시장을 보다 풍부하게 만들 수도 있기 때문이다.

　　그러나 분명한 것은 기술의 변화는 P2P 비즈니스 시장을 가속화할 것이라는 전망이다. 모든 사람들이 온라인으로 연결되고 개인의 자원들 역시 연결된 상태가 되었다. 때문에 이전에는 불가능하다고 생각되거나 발견되지 않았던 지점의 가능성들이 비즈니스로 계속해서 시도될 것이라는 점이다. 그리고 그것이 점점 규모를 키워갈수록 변화는 옮겨갈 수밖에 없다. 부정적으로 보자면 그래서 우리는 멀지 않은 시간에 자영업의 몰락이 가속화되고 고용이 불안해지는 상황에 직면할 것이다.

　　반면에 모바일이 만들어내는 이런 연결의 산업들은 비가역적이다. 이미 늦은 감도 있지만 변화의 충격을 완화할 수 있는 정책적인 접근은 물론, 동시에 새로운 시대에 맞는 노동관계, 비즈니스 모델에 관한 제도적 접근을 모색해야 할 것이다. 무엇보다 우리 개인부터가 개인과 개인들을 연결하는 이런 장에서 일어날 새로운 변화들을 더욱 주목하고 가능성을 살펴보며 내가 취할 수 있는 기회는 무엇인지를 살펴보아야 한다.

ROI에서 ROC로

자포스(Zappos)는 세계에서 가장 일하고 싶은 기업으로 손꼽힌다. 자포스는 미국의 인터넷 신발 판매업체로 매출 1조 원이 넘는 혁신의 아이콘이며, 자포스의 경영자 토니 셰가 시도하고 공언하는 말마다 전 세계 언론의 주목을 받은 것으로 유명하다. 또한 거대 전자상거래업체 아마존이 경영에 일체 간섭하지 않는다는 조건으로 1조 원에 인수해 화제가 되기도 했다.

이런 토니 셰가 최근 자포스 본사가 있는 라스베이거스에 새로운 도시공동체 다운타운 프로젝트를 시도하며, 또 하나의 실리콘밸리 신화를 써나가고 있다. 그가 지속가능한 성장을 위해 제시한 개념이 의미심장하다. 바로 ROC(Return on Community)는 기존의 투자대비 수익률, 즉 ROI와 달리 공동체의 더 많은 이들이 참여하면 할수록 공동체 전체의 번영으로 환원한다는 개념이다. 그가 ROC의 조건으로 내세운 요소들을 그대로 옮기면 다음과 같다.

- 오너여야 한다.
- 열정으로 가득한 자여야 하고 공동체 성장에 헌신해야 한다.
- 실행 능력이 있어야 한다.
- 유일하거나 최고여야 한다.
- 일확천금보다 지속가능함을 목표로 해야 한다.
- 스토리를 가지고 이야기해야 한다.

기존의 상식으로는 이해 불가능한 새로운 구조를 무기로 하는 기업들에 의해 파괴적 혁신이 가속화되고 있다. 수요와 공급 관계에 대한 전통 자본주의 개념을 보란듯이 무시하는 다윗에 의해 골리앗 기업들이 속수무책으로 궁지로 몰리고 있다. 기술은 사람으로 하여금 더 소통하도록 만들고 서로 더 다가가도록 만든다.

남들이 무엇을 하는지 모를 때는 사람들은 대중의 모습으로 트렌드를 따르지만 남들이 무엇을 하는지 들여다볼 수 있게 되면서부터는 각자의 관심에 따라 따로따로 모인다. 저마다의 관심 그룹이 창발하는 것이다. 우리는 이것을 공동체라고 부른다. 공동체에서는 기업에 의해 만들어지는 브랜드 가치보다 서로가 서로에게 참여하고 기여함으로써 만들어지는 평판의 가치가 훨씬 크다.

이제 대중은 사라지고 공동체가 부상했다. 사회가 발전하면 할수록, 세계가 연결되면 될수록 각자가 좋아하는 음식을 들고 와서 함께 나눠먹으며 대화를 나누는 포트럭파티(Potluck party)와 같은 상태로 발전하게 된다. 그러면 그럴수록 ROI의 모델에서 서로가 함께 공동체의 가치를 키워가는 ROC 시대로 변모해간다. 그래서 우리가 하는 일의 가치를 다시 발견하고 ROC의 조건이자 가치를 키워가도록 구호 대신 아이디어로 말하고, 그 아이디어를 다른 사람들에게 공개하고, 그들이 향유할 수 있는 공동체의 구조를 만듦으로써 구성원들이 안전함을 느끼며 도전할 수 있도록 길을 열어주어야 한다.

기술이 대체할 수 없는
영역으로의 이동

알파고를 언급하지 않더라도 시장에 인공지능이 미칠 파장을 걱정하는 사람들이 많아지고 있다. 인공지능은 사고 관련 기술이 아니다. 하지만 그것이 시장에 미칠 영향은 적지 않다. 왜냐하면 기술이 다가가는 방향은 비용 절감과 고도의 전문성이 요구되는 고부가가치 영역이기 때문이다. 의사, 변호사, 회계사 등 지식을 기반으로 하는 영역은 인공지능의 먹잇감이다. 이유는 그것이 컴퓨터가 대체할 수 있는 가장 확실한 영역이면서 동시에 고부가가치 산업이기 때문이다.

사자생과 같은 소수의 장인들이 지배하던 가치 영역의 산업을 대량 활판인쇄술이 나오면서 훨씬 저렴한 비용으로 많은 이들에게 정보를 확산할 수 있게 되었다. 디지털 미디어 기술이 보편화되면서 누구나 콘텐츠를 제작할 수가 있게 되자 기자는 물론 출판·방송 등의 미디어 영역 전문가들도 일부를 제외하고는 예전의 명성과 수익은 요원한 일이 되어 버렸다. 1970년대 전후만 해도 가장 한 사람만 돈을 벌어도 온 가족이 잘살 수 있었다. 2000년 전후부터는 대부분의 가정이 맞벌이를 하지 않고서는 생계를 유지하기 어려워지고 있다. 이런 경향은 앞으로도 지속될 수밖에 없다. 기술의 속성이 그렇기 때문이다. 그렇다면 우리들은 어디로 가야 하는 것일까? 간단한 문제는 아니지만 기술이 대체할 수 없는 영역으로 이동하는 것이다. 그것은 무엇일까?

지금 당신은 중요한 행사에서 발표를 준비하고 있다. 전하려는 키 메시지는 정했고, 이제 그것을 멋지게 꾸미면 된다. 어떤 배경화면이 좋을까? 좀 세련되면서도 깊은 느낌의 이미지면 좋을 것 같은데 뭔지는 모르겠다. 검색엔진으로 한번 찾아보기로 한다. '배경화면'을 검색하여 나타나는 이미지 결과 목록들을 신중하게 살펴본다. 그리고 마침내 마음에 드는 그림을 찾았고 파워포인트의 배경화면으로 배치했다.

강의나 발표를 해본 사람이라면 이런 경험을 해봤을 것이다. 그런데 여기서 흥미로운 지점이 하나 있다. 처음에 당신은 어떤 것이 좋을지 몰라서 검색을 했다. 뭘 검색해야 할지 모르니 키워드인 '배경화면'을 검색해본 것이다. 그렇게 결과 목록을 차근차근 보다가 그 이미지를 발견하는 순간, '아 이게 내가 찾던 거야' 하고 파워포인트로 옮겼다. 무엇을 찾아야 할지 몰라서 검색했지만, 보는 순간 자신이 찾던 이미지임을 바로 알아냈다. 검색하기 전에 자신이 원하는 게 무엇인지 이미 알고 있었다는 것이다.

하지만 이것을 검색어로 입력해서는 도저히 표현할 방법이 없다. 내가 원하는 게 어떤 것인지 글자로는 표현할 수가 없는 것이다. 인간이 사고하는 방식은 글자가 아니라 어떤 느낌과 형상의 추상적인 형태에 관한 것이다. 글자로 온갖 의미를 다 표현해낼 수 있다고는 하지만 내가 느끼는 정확한 의미를 글자에 담아낸다는 것은 지극히 어려운 일이다. 누리끼리하고 퍼르스름하고 스산한 어떤 느낌을 찾는다 하더라도 그것을 받아들이는 사람이 같은 의미로 해석할지는 더더욱 미지수다. 인간은 도화지에 선을 대충 주욱 그어놓은 것만 보고도 그것의 맥락을 알아차릴 수 있다. 화려한 수식과 장황한 문장을 쓰지 않아도 사람은 맥락만 제공해도 그 주변의 수많은 정보들을 한꺼번에 인지하고 받아들이고 처리할 수 있다.

점점 더 사람들은 자신의 관심을 텍스트가 아니라 완전한 맥락으로써 담아낼 수 있는 형태의 미디어를 선호하게 될 것이다. 인간은 더 실감나고 더 풍부한 경험에 반응한다. 왜 초대형 화면을 제공하는 아이맥스나 바람과 냄새까지 연출되는 4DX 영화관을 가겠는가. 왜 가상현실 안경을 쓰며 특별한 경험을 하고 싶어하겠는가. 이것은 정보처리의 영역에서도 도전 과제다. 그림 하나가 이제는 수백만 바이트 이상의 정보량을 가지고 있고, 동영상은 이제 풀 HD의 두 배가 되는 4K를 넘어 벌써 8K까지 시도되고 있다. 지식정보사회를 거치며 인간이 생성하고 저장되며 검색되는 정보량은 지금도 그렇지만 앞으로도 더욱 천문학적으로 커질 것이다.

이제 곧 우리는 네이버, 구글과 같은 검색엔진의 기본적인 특성이 쇠락하고, 인간의 맥락을 표현하고 맥락을 검색할 수 있는 형태의 사용자 경험 혁신의 성장을 목도하게 될 것이다. 또한 눈을 뜨고 잠자리에 들 때까지 하루종일 대화하는 사람들이 주고받는 맥락이 비즈니스로 연결될 것이다. 이제 우리는 어떤 지점으로 이동해야 할까? 글이나 숫자로 정보화할 수 없는 지점일 것이다. 특히 취향의 영역, 의식과 취향이 만나는 지점, 온라인과 오프라인의 구별없이 플랫폼, 생태계, 인프라와 관련된 지점들이 더욱 성장할 것이다. 사람의 마음과 관련된 영역, 경험, 관계성, 사회성, 온라인으로 대체할 수 없는 지점. 인간과 인간이 서로 연결되며 느끼는 지점에서의 새로운 시도들이 더 주목받을 것이다. 이것이 바로 우리가 앞으로 주목할 수많은 가능성과 변화의 지점이다.

사람이
비즈니스 모델이 되는 시대

머라이어 캐리, 엘튼 존, 케니 지, 샤킬 오닐, 빌 클린턴, 성룡, 톰 브라운, 싸이, 김연아. 이 이름들의 공통점은 무엇일까. 바로 이름 그 자체가 브랜드라는 것이다. 우리는 그들 자체를 기억한다. 어떤 기업의 직원이라거나 어떤 기업을 운영하고 있다와 같은 세부적인 사실은 우리가 전혀 알지 못할 뿐더러 관심도 없다. 게다가 이들의 존재는 당신은 물론 전 세계인들이 알고 있고 시대를 넘어 한결같은 사랑을 받고 있다. 우리는 이런 사람들을 초일류 개인이라고 부른다. 바야흐로 초일류 개인의 시대가 오고 있다

초일류라는 말은 어떤 분야에 대해 최고의 경지를 넘어 마침내 새로운 흐름을 일으켜 낼 만큼의 강력한 영향력을 가진 존재를 말한다. 그들에게 주변의 비교우위는 무의미하다. 왜냐하면 자신이 정한 목표에 다다르기 위해 계속해서 경주하고 있기 때문이다. 그래서 그들의 시

도는 그 대상이 무엇이든 사람들의 감탄과 심지어 존경을 이끌어낸다. 그들의 존재로 인해 우리는 이전과는 다른 세계를 볼 수 있게 되고 이전과는 다른 생각을 하게 하며 이전과는 다른 행동을 이끌어내기 때문이다.

초일류라는 말은 사실 기업에서 많이 사용되던 개념이다. 우리는 IBM, 디즈니, GE, 코카콜라 등 전통적인 기업이나 삼성전자, 애플, 구글 같은 IT 기업을 초일류 기업이라고 한다. 이들 기업의 특징은 글로벌 비즈니스를 전개하고 있고 각 분야에서 세계 시장을 석권하고 타의 추종을 불허하는 절대적인 경쟁력을 가지고 있으며, 그것을 지속하는 독특한 문화를 지녔다는 점이다. 나아가 이들의 존재는 물리적인 회사로서가 아니라 그야말로 하나의 구별되는 인격을 가진 존재처럼 기억된다. 사람들이 '디즈니'라는 기업명을 들었을 때 디즈니를 애니메이션 제작회사, 테마파크 회사로만 기억하지 않듯이 말이다.

초일류가 기업에게 중요한 의미를 가지는 이유는 그들이 목표를 제품 혁신의 단계가 아니라 높은 수준의 정신적 목적 의식을 형성하는 데 두기 때문이다. 세계에서 가장 일하고 싶은 기업으로 손꼽히는 자포스는 '행복을 배달한다'라는 기치 아래 자신들의 내부는 물론 고객들의 행복을 증진하기 위한 모든 종류의 시도를 전개하고 그것이 오히려 자포스의 매출을 끌어올리는 힘으로 작용한다. 구성원들 자신의 목적의식을 기업의 그것과 동일시하여 주체들 모두가 동질 의식으로 참여하고, 그것이 기업 매출의 성장으로 이어지는 구조는 그래서 많은 기업들의 지향점이 되고 있다. 이른바 구성원들의 행복 자체가 비즈니스 모델이라고 언급되는 이유인 셈이다.

하지만 무엇보다 초일류 기업의 가치는 내부적인 활동에 의한 것이 아니라는 점이다. 정작 이들 기업을 주목하게 하고 영향력을 갖게 하는 것은 기업 내부의 활동이 아니라 기업 외부의 개인, 고객들의 입소문에 의한 것이다. 애플이 혁신적인 기업이고, 애플은 극한의 세세함을 추구하는 회사라는 인지는 애플의 마케팅 활동보다는 그것을 입소문내는 사람들의 평가가 기여한 바가 크다. 소위 '애플빠'라는 열성적인 고객은 기업활동만으로는 생길 수는 없는 수준의 것이기 때문이다. 따라서 성장궤도에 있는 기업들은 그들의 목표를 초일류에 두고자 여러가지 기업활동을 경주하고 있다.

그런데 최근 몇 년 동안 초일류에 대한 이런 흐름은 기업에서 개인으로 완전히 이동하게 되었다. 이른바 지식정보 사회에서 관심연결경제로 시대가 이동하면서 사람들은 이제 제품 자체에 대한 의식보다 그것을 기반으로 활동하는 사람들의 스토리 자체에 더 주목하는 경향을 띄게 되었기 때문이다.

루이비통은 최근 자사의 광고를 늘씬한 외모의 여성을 등장시키는 대신 그들이 지향하는 분야에서 최고 수준에 다다른 사람을 모델로 쓰는 형태로 완전히 변모시켰다. 최초의 여성 우주비행사, 최초로 달에 발을 내딛은 아폴로 11호의 우주인, 아폴로 13호의 지휘관이 등장하거나 대부의 알파치노 대신 〈대부〉의 감독 프란시스 코폴라를 주인공으로 삼는 것이 대표적이다. 뿐만 아니라 글로벌 대기업들은 물론 국내 대기업의 다수에서 연예인을 모델로 내세우는 경우가 급격히 줄어들고 있다. 대신 자신의 길을 끝까지 추구해서 브랜드의 단계로 도달한 개인들의 스토리 자체를 연결하는 시도를 취하고 있다.

루이비통은 누군가에 비해 우월하거나 아름다워서가 아니라 자신의 목표를 정하고 그것의 극한을 향해서 끊임없이 달려가는 이들에 관한 이야기를 풀어내고 있다. 또한 모두가 풀지 못하는 어떤 문제를 풀어낸 '차이를 만들어낸 사람'의 이야기를 풀어낸다. 다시 말해 가상의 이미지를 통해 제품을 소구하는 대신 진짜 이미지를 보여주는 것이다.

나는 이것을 패러다임G라고 부른다. 사람들은 진짜(Genuine)를 원하고, 관심을 향해 끝없이 성장(Growth)하는 것을 원하며, 삶에서 빛나는 매력(Glam)으로 끌어당기기를 원한다. 특히 글램은 외적인 매력만을 말하는 것이 아니라 자기만의 의식체계(Ritual)를 지닌 모습을 말한다. G를 가진 사람들은 스스로 성장하는 습관으로 자신의 관심 분야에 돌파구를 만들어내며, 관심을 함께 하는 부족들 속에서 빛난다. 그 관심의 부족에 참여하는 사람들이 커질수록 G의 정점에 있는 사람은 그야말로 초개인으로 주목받는다.

G를 주목하는 이유는 이것을 가진 이의 힘이 기업의 힘을 능가하기 때문이다. 이런 개인들이 만들어내는 가치수익이 기업활동을 통해 얻는 것보다 압도적으로 비교우위에 서기 때문이기도 하다. 삼성전자의 순익이 아무리 큰들 그것은 주주나 회사의 수익이지 임직원이나 외부의 일반인인 나의 수익과는 관련이 없다고 생각하는 반면 개인의 시도가 만들어내는 수익이 클 경우 그들의 행동을 배우고 그들의 활동에 참여하고 싶다고 생각하기 때문이다.

사람들이 대화의 장에 더 많이 연결되면 될수록 이 현상은 가속화될 것이고, 그 속에서 자신의 길을 열어낸 사람들은 슈퍼스타가 되고 초일류로서 모든 가치들을 거머쥐는 현상이 가속화될 것이다. 사람이 콘텐츠이고 사람이 비즈니스 모델이 되는 시대가 오고 있는 것이다. 퍼펙트스톰은 바로 G가 만들어내는 세상이다.

개인은 연결된 집단을 넘어설 수 없다

당신이 1만 4,000년 전에 태어나 영원히 살아가고 있고, 삶을 부단히 노력하고 받아들이려고 애쓰는 사람이라고 상상해보자. 당신이 그 엄청난 시간 동안 경험과 지혜, 노하우, 통찰력을 쌓아왔다면 누구보다도 뛰어나지 않을까? 그러면 당신은 세상 사람들의 중심에 서는 존재가 될 수도 있지 않을까?

1만 4,000년을 살아온 불사인(不死人)의 이야기를 그린 영화 〈맨 프롬 어스(Man from Earth)〉는 TV시리즈 〈스타트렉〉과 〈환상특급〉으로 알려진 헐리우드의 시나리오작가 제롬 빅스비가 무려 38년에 걸쳐 고쳐 쓰고 고쳐 쓴 작품이다.

지방의 한 대학에서 교수 생활을 하고 있는 주인공 존 올드맨(데이비드 리 스미스 분)은 불사병(不死病)에 걸려 무려 1만 4,000년을 살았다. 크로마뇽인으로 삶을 시작한 그는 서른다섯 살 이후로 더 이상 늙지 않는 영생의 존재가 되었다. 그는 지구상의 수많은 지형적, 기후적 변화와 종의 진화를 경험했고, 시대의 크고 작은 사건들을 직접 겪었다. 고흐도 그의 친구였고, 콜럼버스와 함께 아메리카 대륙을 발견하기도 했다.

만약 당신이 불로불사(不老不死)하게 된다면 어떤 느낌이겠는가. 대륙과 기후의 변화를 경험하고, 그리스의 위대한 철학자들과 조우하고, 부처와 예수를 만나고, 수많은 역사적 발견과 과학적 발견의 순간을 함께한 이런 기억들이 고스란히 남아있다면?

〈맨 프롬 어스〉의 시놉시스만 보면 단편적이고 황당하다고 생각할지 모르겠다. 영화 속 주인공의 친구들 역시 맨 처음에는 주인공의 고백을 듣고 터무니없는 농담이라고 생각한다. 그리고 그의 말이 진실인지를 알아보기 위해 각종 질문을 던진다.

"당신이 1만 년 넘게 살고 있다면 그동안 세상의 모든 것을 경험했을 테고 인류의 모든 지혜를 알고 있을 테니 세상에 당신보다 뛰어난 사람은 없겠군요."

그러나 그는 의외의 대답을 한다. "나는 당신보다 뛰어나지 않습니다." 다음은 그가 자신이 왜 보통 사람의 수준과 다르지 않은지에 대해 말한 내용이다.

"나는 과학적 발견을 위하여 많은 시간 동안 연구하고, 공부했습니다. 그렇지만 현재 내 지식이나 지혜는 보통 사람과 별반 다르지 않은 수준입니다. 왜냐고요? 아무리 공부를 하고 연구를 해도 시간이 흐르면 결국 쓸모없는 지식이 되어 버리기 때문입니다.

내가 아무리 오래 살았다고 하더라도 과학이나 이동수단, 통신이 발달하지 않은 과거에는 접할 수 있는 지식이 극소수였습니다. 반대로 과학기술이 발달하면 할수록 나는 동시대의 변화를 따라잡기가 어려웠습니다. 내가 아무리 노력해도 현 세대의 지식을 따라잡을 수가 없었던 거죠. 내가 똑똑해지는 만큼 남들도 똑똑해진다는 사실을 발견할 뿐이더군요. 지구가 평평하다고 믿었던 시대의 지식이 과연 지구가 둥글다는 걸 모두가 아는 시대에 무슨 소용이 있겠습니까?

삶의 지혜도 마찬가지입니다. 21세기 첨단의 시대에도 사람들은 새로운 삶의 깨달음을 발견하려고 합니다. 1만 4,000년이 지난 이 순간에도 결국 나는 현 시대를 앞서갈 수 없었습니다. 내가 더 많은 지식을 축적하려고 애쓰는 것보다 더 많은 사람들을 만나서 그들의 경험과 지혜를 연결하는 것이 더 가치 있는 일이었습니다."

한 개인의 최선은 단지 그가 아는 수준의 지식을 풀어내는 것에 불과할 뿐이다. 개인의 지혜는 절대로 집단의 것을 뛰어넘을 수 없다. 집단의 지혜도 구성원들이 서로의 생각을 자유롭게 연결할 수 있을 때 발현될 수 있다. 서로가 가진 지혜들을 유기적으로 연결하면서 미처 생각하지 못했던 것들을 연결할 때 세상은 진보하는 것이다.

나는 〈맨 프롬 어스〉의 메시지는 변화하는 세상을 따라잡으려고 노력하는 것보다 변화하는 세상의 사람들과 연결하는 것이 훨씬 의미가 있다는 것으로 받아들였다. 내가 가진 것을 사람들과 적극적으로 나누고 확산시켜 더 큰 가치를 만들어내는 것이 현명하다는 뜻이다.

우리에게는 거대한 폭풍이 몰려오고 있다. 폭풍은 어느 한 나라가 아니라 전 세계로 향하고 있다. 하루가 멀다 하고 위기가 또 다른 위기로 바뀌는 상황이 벌어지고 있다. 하지만 모든 것의 끝에는 새로운 시작이 기다리고 있다. 처음에는 작은 불씨로 보였지만 전혀 새로운 관점의 커뮤니케이션 혁명이 불어 닥치고 있다. 우리는 정말 새로운 세상을 만나고 있는 것이다. 작은 관심, 작은 에너지, 작은 행동이 누군가의 생명을 살릴 수도 있고, 국가를 움직이고 세계를 하나로 뭉치게 할 수도 있는 시대가 되었다.

위기의 너머에는 기존에 생각하지 못했던 새로운 아이디어의 탄생이 거듭되고 있다. 새로운 비즈니스들이 기하급수적으로 늘어나고, 인류가 함께 전 지구적인 문제를 해결하고자 노력하는 글로벌 소사이어티가 성장하고 있다.

퍼펙트스톰이 예견되는 세계 곳곳에서 다윗과 골리앗의 대결이 벌어지고 있다. 거대 기업과 개인이 마주하며, 기존의 자본주의로는 이해할 수 없는 거래 개념이 탄생하며 이전에는 생각하지 못한 전혀 다른 세계가 펼쳐지고 있는 것이다.

기업과 기업의 관계가, 기업과 개인의 관계가, 그리고 개인과 개인들의 연결이, 놀라운 역사의 파도가 밀려오고 있다. 그것은 대재앙의 모습으로 수많은 사람들이 생명을 잃는 절망의 파도가 되기도 했고, 감당할 수 없을 만큼의 변화가 창발하는 르네상스의 파도이기도 했다. 중요한 점은 그 변화의 파도를 올라탄 사람은 거짓말처럼 그 에너지로 기존의 질서를 뒤집으며 새로운 시대를 여는 주인공이 될 것이라는 사실이다. 난공불락의 강자들은 역사에서 순식간에 사라지는 불운을 만나기도 한다. 퍼펙트스톰은 우리가 일상을 살아가는 방식에서부터, 삶을 지속하는 방법은 물론 기존에 우리가 전혀 의심한 적도 없었던 당연한 질서들이 근본적으로 뒤바꾸고 있다.

하지만 이 변화들이 큰 위기처럼 보이지만 파도를 밀어내는 조류 에너지의 터널을 탈 수 있다면 우리는 그야말로 가장 아름답고 경이로운 서핑 파이프라인을 만나게 될 것이다. 당신이 서퍼가 된다면 파도가 기회의 변곡점임을 깨닫게 될 것이다. 그래서 다시 물어야 한다. 파도의 모습이 어떠한지, 어떤 파괴적 혁신을 만들어낼지, 이 파도를 만드는 것이 무엇인지 내 발 아래의 거대한 조류 에너지를 이해해야 한다. 그런 상태에서 나의 머리 위로 솟아오르는 새로운 기회를 포착하고 견인해야 할 것이다.

자, 퍼펙트스톰을 탈 준비가 되었는가? 그렇다면 이 책은 여러분을 그 여정으로 안내할 것이다. 환영한다. 이제 파도가 시작되는 지점으로 달려가 보자.

퍼펙트 스톰

2017년 1월 16일 초판 1쇄 발행
2017년 2월 10일 초판 2쇄 발행

지은이 송인혁
펴낸이 김남길
펴낸곳 프레너미
디자인 페이퍼마임
등록번호 제387-251002015000054호
등록일자 2015년 6월 22일
주소 경기도 부천시 원미구 계남로 144, 532동 1301호
전화 070-8817-5359
팩스 02-6919-1444
ISBN 979-11-87383-15-4 03320

프레너미는 친구를 뜻하는 "프렌드(friend)"와 적(敵)을 의미하는 "에너미(enemy)"를 결합해 만든 말입니다.
급변하는 세상속에서 저자, 출판사 그리고 콘텐츠를 만들고 소비하는 모든 주체가 서로 협업하고 공유하고 경쟁해야 한다는
뜻을 가지고 있습니다.
프레너미는 독자를 위한 책, 독자가 원하는 책, 독자가 읽으면 유익한 책을 만듭니다.
프레너미는 독자 여러분의 책에 관한 제안, 의견, 원고를 소중히 생각합니다.
다양한 제안이나 원고를 책으로 엮기 원하시는 분은 frenemy01@naver.com으로 보내주세요.
원고가 책으로 엮이고 독자에게 알려져 빛날 수 있게 되기를 희망합니다.